GRANDES PERGUNTAS ...

... feitas por gente pequena

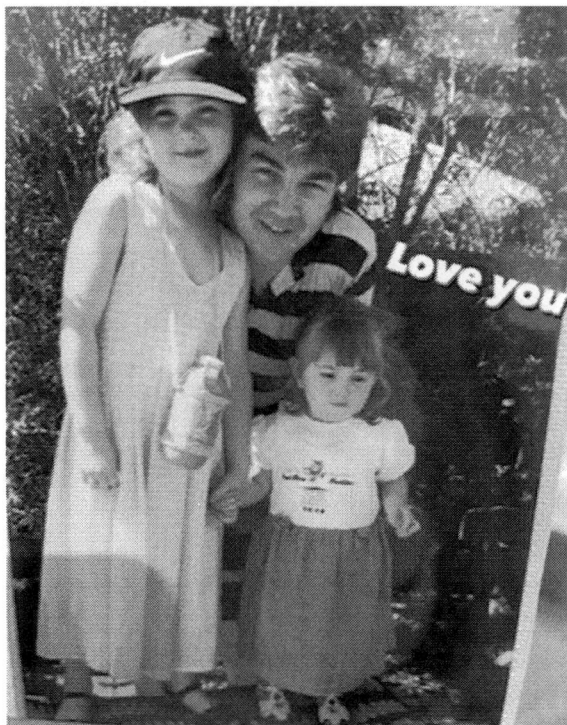

J. P. Aucoin

Outubro de 2022

Versão 1.2

Palavras: 23.000

Sinopse:

Autor: Jean-Pierre Aucoin

Agradecimento

Em primeiro lugar, gostaria de expressar minha profunda gratidão a Deus por Suas bênçãos e sabedoria em me guiar, me orientar e me ajudar a pesquisar e escrever este livro. Há vinte anos, antes de publicar este livro, eu estava em um pequeno apartamento em Milão, na Itália, longe da minha família, trabalhando para uma empresa de telecomunicações. Estando sozinho, estou convencido de que Deus me inspirou a colocar minhas crenças e fé nas respostas às perguntas que minhas duas filhas me fariam em algum momento de suas vidas. E foi assim que tudo começou.

Não sou um pastor ou um estudioso, e o inglês[1] não é meu idioma nativo. Então, ao escrever isto, contei muito com a ajuda dos livros que li e dos sermões que ouvi. Particularmente, quero agradecer ao Dr. Roy Clements — seu ensino do evangelho tem sido inspirador para mim e me aproximou de Deus. Ele não apenas me permitiu utilizar grande parte do material extraído de seu *site*, mas também gentilmente corrigiu minha gramática e muitas vezes sugeriu maneiras melhores de expressar minhas ideias.

---

[1] Este livro foi escrito originalmente em inglês pelo autor.

Gostaria de reconhecer o trabalho do professor e pastor Aaron Budgen, da organização "Living God Ministries", Colorado Spring, EUA, que transmitiu o ensino do evangelho em várias estações de rádio cristãs nos EUA, bem como em *podcasts on-line*. Aaron ensina o evangelho a partir de um quadro de referência judaico e histórico, fazendo referências e aplicando diferenças entre o Antigo e o Novo Testamento. Gostaria de agradecer a Aaron por seu trabalho e como ele me ajudou a obter clareza sobre o evangelho, permitindo-me crescer e amadurecer na minha jornada de fé em Deus.

Também quero reconhecer a dívida que tenho com minha mãe, que me deu minha primeira Bíblia naquele fim de semana de Páscoa, em 1988. Foi o livro que moldou minha vida cristã. Infelizmente, ela passou para a presença do nosso Salvador na época em que este livro estava sendo finalizado. Na manhã seguinte, encontrava-se debaixo da cama o seguinte texto, numa página do seu livro de orações: « O Senhor me espera... Guia-me, Senhor, pelo caminho eterno » *(Salmos 139:24).*

JP. Aucoin

Agradecimentos especiais

Gostaria de agradecer a Daniel Vieira pelo serviço prestado na tradução deste livro para o português. Isto é o que Daniel tinha a dizer: "Sou muito grato a Jean Pierre por nos oferecer este magnífico trabalho, em que ele responde a Grande Perguntas feitas por todos, de crianças a adultos, no decorrer de suas vidas. Em uma narrativa clara e concisa, cada capítulo contém material bem fundamentado para abordar temas importantes e atuais, de uma maneira que nos deixa ansiosos por prosseguir para o capítulo seguinte. Recomendo a leitura a todos, sejam eles iniciantes ou veteranos na vida Cristã" ... **Daniel Vieira (tradutor)**

Sumário

Grandes Perguntas Feitas por Gente Pequena
— para minhas filhas, Madeleine e Isabelle —

Desde que me lembro, tenho feito perguntas como "Por que estou aqui?" e "Existe um Deus?". Meus pais eram católicos, e eu sabia que sua fé cristã lhes dava respostas a essas perguntas. Porém, quando criança, eu ainda estava perplexo. A ciência parecia explicar o mundo de uma forma que não precisava de Deus. A religião parecia ser a causa de muito ódio e guerra. O mais preocupante de tudo é que, ao olhar para o mundo ao meu redor, não pude deixar de notar que havia crianças como eu que estavam morrendo de fome. Perguntei aos meus pais: "Se existe um Deus, por que Ele permite tanto sofrimento?". Seus rostos vazios me deixaram ainda mais insatisfeito e intrigado.

Essa é a razão pela qual comecei a escrever este livro. Eu não queria que minhas duas adoráveis filhas experimentassem a mesma confusão que eu. Acho que algumas pessoas me diriam para deixar a tarefa de instruir as crianças para a igreja. Bem, isso não funcionou para mim, e eu não via por que deveria esperar que funcionasse para elas.

Madeleine e Isabelle, como seu pai, eu senti que tinha a responsabilidade de apontar a direção certa. Então, este livro é meu presente para vocês. Eu gostaria que vocês o tratassem como um companheiro ao qual podem recorrer quando se sentirem confusas sobre essas grandes perguntas, que todo ser humano é obrigado a fazer em algum momento de sua vida. Receio que tenha demorado muito para concluí-lo, pois vocês agora já estão crescidas. Lamento muito que a correria da vida tenha interferido tanto, não apenas na escrita, mas também na minha ambição de ser um bom pai para vocês duas.

Ainda assim, vinte anos depois de começar, o livro está terminado, e eu o dedico a vocês com todo o meu amor. Fico feliz em dizer que encontrei o lugar onde há respostas para essas minhas perguntas da infância: a Bíblia. Com isso, não quero dizer que as respostas que a Bíblia oferece sejam sempre fáceis ou confortáveis. Mas minha oração é que vocês encontrem a mesma paz de espírito e esperança confiante que encontrei no estudo de suas páginas.

Tenham certeza de que eu amo vocês duas profundamente, e oro para que Deus as abençoe com Sua presença em suas vidas, assim como Ele me abençoou.

Papai

Parte 1 — DEUS

Capítulo 1: Por que estamos aqui?

Issie e Maddie, deixe-me começar com uma história, do tipo das histórias que lhes contaram quando vocês eram muito novas.

A história do girino esquisito

Era uma vez, na água um tanto turva de um lago de jardim, vivia um grupo de girinos. Na maioria deles, não havia nada muito incomum. Eles passavam o tempo nadando, procurando pedacinhos de comida, como os girinos fazem. Mas, entre eles, havia um que os outros girinos consideravam decididamente esquisito. Vamos chamá-lo de Tammy.

Tammy era um tanto solitário. Seus interesses eram bem diferentes do resto da população de girinos. Eles notaram que ele se comportava de maneira estranha e passava muito tempo lendo um livro antigo. Um dia, eles decidiram esclarecer com ele.

"Qual é o problema com você, Tammy?", eles questionaram. "Por que você não é igual ao restante de nós?"
"Bem", respondeu ele. "Eu tenho lido este livro."

Ele ergueu o volume, um tanto surrado, que eles o haviam visto estudando tão avidamente. Na lombada, eles podiam apenas distinguir o título, impresso em letras maiúsculas desbotadas: A HISTÓRIA DE VIDA DE UM SAPO.
"Aqui", continuou Tammy, "diz que não vamos ficar girinos por toda a vida!"
"Não vamos ficar girinos?", ecoou a multidão em incredulidade atordoada.
"Não", continuou Tammy. "Um dia todos nós seremos transformados em sapos e viveremos no ar!"
"Sapos? No ar? Onde é que você tirou ideias tão ridículas?"
"Mas é verdade!", protestou Tammy. "O Grande Sapo que nos fez a todos diz isso!"

Nesse ponto, um girino de nível superior nadou para frente, acenando com uma gravata universitária.

"Tammy, eu posso ver que você tem absorvido um monte de bobagens antiquadas que os girinos modernos desistiram de acreditar há muito tempo. Nós, girinos, evoluímos de uma prole primitiva; nossos cientistas encontraram restos dispersos dela. E quanto ao 'ar', eles examinaram todos os cantos da lagoa, e não há uma gota dele em lugar nenhum!"

"Talvez sim. Mas é exatamente por isso que o próprio Grande Sapo pulou na lagoa. Ele queria nos dar este livro, para que entendêssemos por que estamos aqui e para onde estamos indo. Ele sabia que não poderíamos resolver isso sozinhos.

O girino universitário sorriu e deu um tapinha na cabeça de Tammy. "Entendo", disse ele gentilmente, embora um pouco paternalista. "Bem, diga-me isso, então. Para onde foi esse seu Grande Sapo, depois de depositar essa obra de ficção enganosa em sua mão?"
"Onde!", exclamou Tammy. "Ele pulou de volta para fora da lagoa, é claro!"
"Fora da lagoa?" "Fora da lagoa?" — os outros girinos levantaram os ombros exasperados.
"Mas não há lugar nenhum fora da lagoa!"

Se vocês, meninas, são como eu, às vezes se perguntam "por que estamos aqui". A existência de seres humanos como nós neste minúsculo planeta em um vasto universo parece absolutamente extraordinária. Existe algum significado para isso? Nascemos neste mundo sem realmente saber quem somos (nossa IDENTIDADE), de onde viemos (nossa ORIGEM), por que estamos aqui (nosso PROPÓSITO) ou para onde estamos indo (nosso DESTINO). No entanto, essas questões finais são extremamente importantes para nós. Ao contrário dos animais, nós, humanos, não nos contentamos apenas em sobreviver — precisamos de alguma compreensão do significado de nossa existência para tornar a sobrevivência desejável. Tire de um ser humano todo o senso de propósito e significado na vida, e é bem provável que ele cometa suicídio, escrevendo "eu não tenho nenhum motivo para viver" como seu último adeus.

Na minha história, apesar do desprezo impiedoso de seus colegas, especialmente aqueles que se consideravam mais estudiosos do que ele, Tammy — o girino esquisito em sua jornada solitária para se tornar um sapo — era o único girino cuja vida fazia sentido. Ele era o único girino que tinha respostas para essas perguntas fundamentais sobre o significado de sua existência.

E vocês, Issie e Maddie? Vocês têm respostas? Vocês acham que somos apenas o produto do acaso? A vida humana evoluiu a partir da "prole primitiva"? Enigma famoso: o que veio primeiro, o ovo ou a galinha? Essa é uma boa pergunta. Algumas pessoas levantam os ombros e parecem contentes, como os animais, em continuar sobrevivendo. Mas espero que vocês, meninas, não sejam assim. Espero que vocês me sigam e queiram buscar as respostas. Escrevi os capítulos que se seguem porque, como Tammy, o Girino, acredito ter encontrado onde essas respostas podem ser encontradas e quero compartilhá-las com vocês.

Capítulo 2: Deus existe mesmo?

Vocês se lembram, quando eram muito novas, como na véspera de Natal costumávamos deixar um copo de leite e biscoitos na mesa da sala para o Papai Noel, sem esquecer de uma cenoura para suas renas? Eu sempre ficava tão feliz em ver a expressão em seus rostos pela manhã, quando o leite havia sumido e os biscoitos estavam mordidos. Agora vocês são adultas, é claro, e sabem que tudo isso foi um faz-de-conta. A maioria dos pais se envolve nesses jogos lúdicos com seus filhos. Eles são bastante inofensivos e ajudam a desenvolver a imaginação. Mais tarde, as crianças aprendem a distinguir o fato da fantasia divertida, mas todos nós ainda gostamos de uma jornada ocasional ao reino do mito e da magia, não é mesmo? É por isso que os filmes de Harry Potter são tão populares no mundo inteiro.

Mas, e quanto à crença em Deus? Ela poderia ser uma lembrança da imaginação infantil que, ao contrário do Papai Noel, alguns de nós não superaram? Há muitas pessoas que pensam assim, é claro. Quando eu era jovem, achava essa dúvida ateísta muito preocupante, principalmente quando era expressa por cientistas proeminentes. Deus existe mesmo? — foi uma pergunta que me assombrou por muito tempo. Mas não mais; hoje em dia, tenho certeza de que aqueles milhões de pessoas em todo o mundo que acreditam em Deus não são vítimas de alguma ilusão infantil monstruosa, mas simplesmente estão respondendo a uma intuição humana fundamental.

Por que eu acredito que Deus existe? A resposta é porque, pelo menos para mim, isso faz sentido.

Há muitas evidências que apontam para a verdade de Sua existência. Basta olhar ao seu redor, olhar para o nosso planeta, olhar para o céu à noite e ver as estrelas! Há muitos cientistas que são fascinados pelo nosso universo e, quanto mais eles descobrem, mais eles ficam confusos. Vocês poderiam esperar que a pesquisa científica desmascarasse o mistério, mas o que acontece é exatamente o contrário.

Para começar, com base nas descobertas inovadoras de Albert Einstein, os cientistas agora concordam que o universo começou em um momento definido no passado, com um *"Big Bang"*. Mas isso, é claro, levanta a questão sobre o que causou essa explosão inicial. Existe algo ou alguém que existiu antes, fora do tempo e do espaço em que habitamos? Os cientistas não encontraram resposta para isso.

Além disso, a maneira como o *Big Bang* aconteceu foi delicadamente equilibrada, como se tivesse sido feita especificamente para produzir um planeta que sustentasse a vida, como a nossa Terra. Paul Davies, físico e astrobiólogo, escreveu um livro intitulado "O Universo Acidental"[2]. O livro descreve como o tecido do universo depende de quatro forças fundamentais: gravidade, eletromagnetismo, a força nuclear fraca e a força nuclear forte. De acordo com o Prof. Davies, essas quatro forças mantêm o cosmos unido de uma maneira precisamente equilibrada. Ele diz que, se apenas uma dessas forças fosse um pouco mais forte ou mais fraca do que é, mesmo por uma única casa decimal, então o universo não poderia existir e nós, humanos, não estaríamos aqui. Esse equilíbrio extraordinário pode ter acontecido por acaso? Podemos realmente estar vivendo em um "universo acidental"? Ou foi tudo planejado por um grande Projetista cósmico?

---

[2] P. C. W. Davies. *The Accidental Universe*. CUP (1982).

Ou o que dizer do nosso planeta Terra? Até sua morte, há alguns anos, o Dr. Wallace S. Broeker era professor de Geologia no Departamento de Ciências da Terra e Ambientais da Universidade de Colúmbia. Ele foi reconhecido por sua pesquisa sobre o impacto das mudanças climáticas. De acordo com o Dr. Broeker[3], se a Terra fosse 10% menor ou 10% maior do que sua massa atual, nela não haveria vida alguma. Mais uma vez, ele observa que a Terra é o único planeta em nosso sistema solar que tem um eixo de rotação inclinado em um ângulo de 23 graus. Isso garante que quase toda a sua superfície tenha exposição solar suficiente para sustentar a vida. Vocês sabiam que a lua também é essencial para a vida na Terra? Ela é responsável pelas marés oceânicas que limpam a costa e garantem um suprimento constante de plâncton marinho, sem o qual não haveria oxigênio para respirarmos. Ou o que dizer disso? Há uma fina camada de ozônio na atmosfera superior, que protege a vida na Terra da exposição constante à perigosa radiação ultravioleta do sol, enquanto, ao mesmo tempo, sob nossos pés, uma fina camada de rocha sólida nos protege do calor feroz do magma derretido que compõe o núcleo da Terra. Sem todos esses "acidentes", não estaríamos aqui. Como chamamos isso: um golpe de sorte ou uma obra-prima?

E a própria vida? Como ela surgiu? Um ateu tem que acreditar que ela apareceu espontaneamente de alguma sopa química primitiva. Mas os mecanismos químicos surpreendentemente complexos (que agora sabemos serem necessários para sustentar até mesmo a célula mais simples de autorreprodução) tornam isso, para mim, um "salto de fé"

---

[3] Wallace S. Broeker. *How to Build a Habitable Planet* (Como construir um planeta habitável). Princeton University Press (julho de 2012).

muito maior do que acreditar que a vida foi projetada por Deus. O Dr. James F. Coppedge (1920-2004) foi Diretor do Centro de Probabilidades em Biologia na Califórnia, EUA. Ele escreveu um livro famoso, chamado *Evolução: Possível ou Impossível?*[4] Nele, ele aplica as leis da probabilidade para calcular a chance de uma única molécula de proteína ser produzida por acaso a partir de componentes inorgânicos. Muitas centenas dessas proteínas são essenciais para a vida. Suas conclusões são bastante revolucionárias. Ele calcula que levaria 10 elevado a 262 (10^{262}) anos para que uma molécula de proteína fosse sintetizada por acaso a partir dos materiais simples que podem existir em uma sopa química primitiva. Quanto à vida em si, levaria 10 elevado a 119.841 ($10^{119.841}$) anos para que até mesmo a célula autorreprodutora mais simples aparecesse por acidente. Se vocês tentassem escrever esse número, o pedaço de papel necessário seria do tamanho da nossa galáxia. Um famoso cientista tentou explicar esse resultado com uma analogia simples. Ele disse que acreditar que a vida foi produzida por acaso é como dizer que um furacão, ao passar por um ferro-velho, poderia "acidentalmente" montar um avião a jato![5] Como resultado desse tipo de cálculo estatístico, muitos matemáticos vieram a público dizendo que não acreditam que seja possível pensar que a vida é um evento casual. Deve haver alguma outra explicação.

---

[4] James F. Coppedge. *Evolution: Possible or Impossible?* Zondervan (1973).

[5] Fred Hoyle. *The Intelligent Universe* (O Universo Inteligente). Michael Joseph (1983).

Eu concordo plenamente com isso. Não sou cientista, mas, como eles, não posso acreditar que nosso universo extraordinário e o planeta que sustenta nossas vidas sejam o resultado de alguma feliz coincidência. A explicação mais óbvia para mim é aquela que tem sido aceita há séculos pela maioria da raça humana — que nosso mundo é uma criação divina. Sir James Jeans, um grande astrônomo do século XX, disse que, quanto mais descobria sobre nosso universo, mais acreditava que ele deveria ter sido criado por um grande matemático.[6] Isso faz sentido, não é? A existência de Deus faz sentido. Faz sentido porque a alternativa é totalmente improvável, insatisfatória e completamente contrária à nossa intuição mais profunda.

Não, eu não acho o ateísmo convincente de forma alguma. Mas, é claro, se vocês responderem "sim" à grande pergunta "Deus existe mesmo?", têm que se perguntar também "por que tantas pessoas inteligentes e altamente educadas negam Sua existência nos dias de hoje". Para responder a isso, preciso fazer outra grande pergunta: "Podemos conhecer a Deus?"

---

[6] James Jeans. *The Mysterious Universe* (O Universo Misterioso). (1930).

Capítulo 3: Podemos conhecer a Deus?

Vocês se lembram do seu "vovô" Albert? Vocês não o conheciam até que o visitamos em setembro de 2000, quando fomos ao Canadá para o casamento do meu irmão. Maddie, você tinha 8 anos e Issie, você tinha apenas 4 anos. Vocês duas sabiam sobre ele, é claro, porque ele era meu pai. Vocês tinham visto fotos e eu o descrevi para vocês. Mas, embora vocês tenham passado um tempo com o pai de sua mãe, Gian-Carlo, em Melbourne, vocês nunca haviam se encontrado com Albert.

Há uma grande diferença entre saber que alguém existe e conhecê-lo pessoalmente, não é? Vocês conheciam meu pai como um "fato"; vocês sabiam onde ele morava e até mesmo como ele era. Mas vocês não tiveram um relacionamento pessoal com ele, como o que tiveram com seu "Nono", Gian-Carlo.

A mesma coisa acontece quando se trata de conhecer a Deus. No capítulo anterior, expliquei que, de qualquer maneira, para mim, faz sentido acreditar que Deus *existe*. Mas será que é possível conhecer a Deus *pessoalmente*, da mesma forma como vocês acabaram conhecendo seu avô Albert? Vocês podem ter um relacionamento com Deus? Vocês podem se sentir perto Dele — até mesmo falar com Ele, como um amigo?

Eu acredito que podemos. É exatamente o que Deus quer. Ele nos fez para tal relacionamento consigo mesmo e tem trabalhado durante toda a longa história da raça humana para que isso aconteça.

A capacidade de formar relacionamentos pessoais íntimos é uma das principais coisas que nos distingue dos animais, não é? Claro, os animais podem se relacionar conosco, e esse relacionamento pode ser muito precioso em nossa experiência. Mas nenhum animal pode *entender* ou *conhecer* verdadeiramente um ser humano da mesma forma como podemos entender e conhecer uns aos outros. Há muitas maneiras pelas quais somos diferentes. Nossa criatividade, por exemplo: os pássaros constroem ninhos, mas não são arquitetos; os golfinhos se comunicam usando sons subaquáticos, mas não escrevem poesia. Nosso senso de certo e errado é outro fator distinto do ser humano: um cachorro sabe quando seu dono está descontente, mas ele realmente não tem consciência, não é? Talvez o mais especial de tudo, e subjacente a tudo isso, seja nossa autoconsciência humana. Exclusivamente, usamos os pronomes "eu" e "mim". Esse, é claro, é o motivo pelo qual podemos fazer grandes perguntas, como "por que eu estou aqui". Como eu disse anteriormente, os animais se contentam apenas em sobreviver, mas nós, seres humanos, precisamos de um propósito na vida, e nossa autoconsciência única está na raiz dessa necessidade sentida.

Devemos presumir que essas maneiras fascinantes pelas quais os humanos diferem do mundo animal simplesmente evoluíram? Não está claro se elas nos dão alguma vantagem na competição pela sobrevivência. Faz muito mais sentido para mim acreditar que um Deus pessoal nos projetou dessa maneira notável para que possamos desfrutar de relacionamentos interpessoais, não apenas uns com os outros, mas com Ele próprio.

Claro, deve-se admitir que muitas pessoas parecem felizes o suficiente para apenas navegar, como um barco sem bússola no mar, sem qualquer dimensão religiosa ou espiritual em suas vidas. Elas "navegam" pela escola, por um emprego, por um casamento, e têm filhos; por fim, elas entram na velhice e morrem. E durante todo esse meandro sem direção, elas parecem contentes em nunca se perguntar ou fazer perguntas sobre o derradeiro significado das coisas. Mas eu não sou assim. E espero que vocês também não sejam.

Então, Maddie e Issie: teria sido suficiente para vocês apenas saber que seu avô Albert existiu? Vocês teriam ficado totalmente satisfeitas com a fotografia dele? Ou é verdade que apenas *conhecê-lo* nunca poderia ser totalmente satisfatório; vocês não queriam conhecê-lo pessoalmente, vê-lo em primeira mão, ter um relacionamento pessoal com ele, da mesma forma como fizeram com seu amado "Nono"?

Acho que sei a resposta. E, é claro, ele queria conhecer vocês também. Vocês sempre foram importantes para ele, mas ele se sentiu muito mais próximo de vocês desde que se conheceram. E tenho certeza de que esse sentimento é mútuo.

Pela minha experiência, o mesmo acontece em nosso relacionamento com Deus. Uma consciência distante da existência um do outro nunca pode ser suficiente, seja para Ele ou para nós. Ele quer um relacionamento pessoal e próximo conosco. Ele quer fazer parte de nossas vidas. Ele implantou em nós uma profunda insatisfação com tudo o que o mundo pode oferecer, que é inferior a isso. O grande teólogo Agostinho colocou assim:

> Tu nos fizeste para Ti, ó Senhor, e nosso coração está inquieto até encontrar seu descanso em Ti.[7]

Mas como isso pode acontecer? Ao contrário do seu avô, Deus não mora no Canadá! Ele nem mesmo faz parte do universo visível. Como podemos ter um relacionamento com alguém como Ele? É disso que trata o restante deste livro. A possibilidade de tal relacionamento depende totalmente da iniciativa de Deus. Se Ele tivesse decidido manter a Si mesmo em segredo, nunca poderíamos tê-Lo descoberto por nós mesmos. Mas — e aqui está a coisa notável — Ele decidiu se revelar a nós! Ele abriu canais de comunicação conosco.

Para começar, Ele falou por meio de profetas e apóstolos, cujas palavras inspiradas estão agora compiladas na Bíblia. Quando lemos essas

---

[7] Agostinho de Hipona. *Confissões* (cerca de 400 d.C.).

palavras, o próprio Deus as aplica espiritualmente em nossos corações, para que elas não apenas nos digam coisas verdadeiras sobre Ele, mas sejam mediadoras daquele relacionamento pessoal com Ele, que tanto almejamos. Pelo menos, essa tem sido a minha experiência, e sei que a compartilho com milhões de outras pessoas. Minha mãe me deu minha primeira Bíblia em 1988 — imediatamente comecei a estudá-la, buscando respostas para as grandes perguntas de que tratamos aqui. Não estou dizendo que achei fácil no começo. Eu poderia confiar nesse livro antigo? Mas, ao lê-lo, cresceu em mim uma confiança inabalável de que Deus estava realmente falando comigo por meio dele. Acredito que essa também será a experiência de vocês, caso decidam iniciar a mesma jornada de descoberta por meio de suas páginas. Essa é uma jornada que continua para mim até hoje.

Mas há algo mais a ser dito. Meras palavras são um veículo inadequado para um relacionamento pessoal, não são? Eu sei que amigos por correspondência às vezes se apaixonavam, quando a única comunicação que compartilhavam era as cartas enviadas pelo correio. Mas, como dissemos sobre o vovô Albert, para realmente conhecer alguém, vocês precisam conhecê-lo "em carne e osso". Há coisas sobre nós, como pessoas, que se perdem na tradução quando tudo o que compartilhamos são palavras. Deus também sentiu isso. Essa é uma grande razão pela qual Ele decidiu se revelar de uma maneira ainda mais pessoal. É assim que a própria Bíblia coloca:

Havendo Deus, antigamente, falado, muitas vezes e de muitas maneiras, aos pais, pelos profetas, a nós falou-nos, nestes últimos dias, pelo Filho. (Hebreus 1:1). [8] *E o Verbo se fez carne e habitou entre nós... (João 1: 14a)*

Capítulo 4: Por que Deus permite o sofrimento?

É interessante como até mesmo os ateus fazem a pergunta "por quê?" em um momento de sofrimento. Talvez eles estejam mais próximos da fé do que pensam. Como crianças que correm para seus pais quando se machucam, parece quase instintivo para nós, seres humanos, pensar em Deus quando surgem problemas, mesmo que seja apenas para culpá-Lo por isso! Afinal, se os ateus acreditassem que o mundo é apenas um acidente casual, por que eles pensariam que o sofrimento exige uma explicação? Não, o fato é que o ateísmo é um jogo intelectual conveniente, que podemos jogar quando tudo está bem, mas começa a se desfazer sob o ataque do sofrimento pessoal.

No entanto, é claro, a pergunta "por quê?" ainda é perfeitamente válida e, para muitas pessoas altamente inteligentes, continua sendo sua principal objeção racional à fé religiosa.

Não pretendo ter uma resposta completa. Há algo profundamente misterioso sobre o propósito de Deus no sofrimento humano, e algumas das maiores mentes cristãs têm enfrentado o assunto.

Claro, não é difícil ver que grande parte do sofrimento experimentado pela raça humana é autoinfligido. Todos os dias, a televisão traz aos nossos lares cenas perturbadoras da tragédia e da dor causadas pela guerra e pelo crime. Mas nós, seres humanos, somos os que fabricamos as bombas e disparamos as armas. Deus nos deu o livre arbítrio, e não podemos culpá-Lo se escolhermos usá-lo de forma autodestrutiva. De várias maneiras, por nossa ganância e maldade, estragamos o mundo perfeito que Deus fez para desfrutarmos, e não devemos nos surpreender se Ele construiu nesse mundo consequências dolorosas que evidenciam Sua ira e decepção pelo nosso mau desempenho.

Mas o problema é que, muitas vezes, são os *inocentes* que sofrem as consequências de nossas más escolhas, não é? Vemos crianças que nunca machucaram ninguém morrendo de fome. Vemos famílias, que pedem apenas um ambiente pacífico para criar seus filhos, sendo dilaceradas e brutalizadas por conflitos violentos. Devo admitir que acho muito difícil assistir a cenas tão comoventes no noticiário diário. E a esse terrível fardo de sofrimento que é gerado pela maldade humana, devemos acrescentar um peso igualmente formidável de dor e angústia que é causado por doenças cruéis, como câncer e demência, e desastres naturais, como terremotos e furacões, pelos quais nenhum ser humano pode ser responsabilizado.

Então, qualquer um que deseje se chamar de "crente" deve enfrentar esta pergunta embaraçosa: "Por que Deus permite o sofrimento?"; ou, para ser mais específico, "Por que Ele permite *o sofrimento do inocente*?". Ele é todo-poderoso, então Ele certamente deve ser capaz de evitá-lo, e Ele é amoroso e gentil, então Ele certamente deve querer pará-lo! Então, por que Ele não o faz?

Uma observação que talvez ajude a fornecer uma resposta é sugerida pelo professor C. S. Lewis em seu livro *O Problema da Dor.*[9] Ele diz que a dor é "o megafone de Deus para despertar um mundo surdo". Isso certamente tem sido verdade em minha própria experiência. Como eu disse no início, muitas vezes ignoramos Deus quando tudo está indo bem, e só começamos a prestar a atenção que Ele merece quando nos sentimos vulneráveis ou com medo, como resultado de circunstâncias adversas. Lewis certamente está certo quando diz que Deus se aproveita da dor do mundo para nos despertar para as coisas eternas. Mas essa não pode ser a principal razão pela qual Ele permite isso, pode? Ele não poderia comunicar sua preocupação por nós de alguma outra maneira menos cruel?

Eu acredito que Ele fez exatamente isso. E, mesmo que não resolva totalmente o profundo mistério do sofrimento, pelo menos o modo de comunicação escolhido por Deus nos assegura da maneira mais convincente que Ele entende nossa dor e a compartilha conosco.

---

[9] C. S. Lewis. *The Problem of Pain*. Collins (1940).

O Longo Silêncio[10]   *No fim dos tempos, bilhões de pessoas estavam sentadas em uma grande planície diante do trono de Deus. A maioria recuou diante da luz brilhante diante deles. Porém, alguns grupos mais à frente falaram acaloradamente, não se encolhendo de vergonha — mas com hostilidade.*

"Deus pode nos julgar? Como Ele pode saber sobre o sofrimento?", retrucou uma jovem morena atrevida. Ela rasgou uma manga para revelar um número tatuado de um campo de concentração nazista. "Suportamos o terror ... espancamentos... tortura... morte!"

Em outro grupo, um menino negro abaixou o colarinho. "E quanto a isso?" reclamou ele, mostrando uma queimadura feia de corda. "Linchado por nenhum crime, mas por ser negro!"

Em outra multidão havia uma estudante grávida com olhar mal-humorado: "Por que eu deveria sofrer?", murmurou ela. "Não foi minha culpa". Do outro lado da planície havia centenas desses grupos. Cada um tinha uma queixa contra Deus pelo mal e sofrimento que Ele havia permitido em Seu mundo.

Que sorte Deus teve por viver no céu, onde tudo era doçura e luz. Onde não havia choro ou medo, nem fome ou ódio. O que Deus sabia de tudo o que o homem havia sido forçado a suportar neste mundo? Pois Deus leva uma vida bastante protegida, disseram eles.

---

[10] Anônimo — aparece em *The Cross of Christ* (A Cruz de Cristo), por John R. W. Stott (1986), mas nenhum autor é indicado.

Assim, cada um desses grupos enviou seu líder, escolhido porque havia sofrido mais. Um judeu, um negro, um morador de Hiroshima, um artrítico deformado, uma criança deformada por talidomida. No centro da vasta planície, eles se consultaram. Por fim, eles estavam prontos para apresentar seu caso. Foi bastante inteligente.

Antes que Deus pudesse ser qualificado para ser seu juiz, ele deveria suportar o que eles haviam suportado. Eles decidiram que Deus deveria ser sentenciado a viver na terra como um homem.

Que ele nasça judeu. Que a legitimidade de seu nascimento seja posta em dúvida. Dê-lhe um trabalho tão difícil que até sua família pensará que ele está louco.

Deixe-o ser traído por seus amigos mais próximos. Deixe-o enfrentar falsas acusações, ser julgado por um júri preconceituoso e ser condenado por um juiz covarde. Deixe-o ser torturado.

Finalmente, deixe-o ver o que significa estar terrivelmente sozinho. Então deixe-o morrer para que não haja dúvida de que ele morreu. Que haja uma grande multidão de testemunhas para verificá-lo.

À medida que cada líder anunciava sua parte da sentença, altos murmúrios de aprovação subiam da multidão de pessoas reunidas. Quando o último terminou de pronunciar a frase, houve um longo silêncio. Ninguém pronunciou uma palavra. Ninguém se mexeu.

De repente, todos souberam que Deus já havia cumprido sua sentença.

Parte 2 — JESUS

Capítulo 5: Por que precisamos de Jesus?

Deixe-me começar este novo grupo de "Grandes Perguntas" com uma história que ouvi do Pastor Aaron Budgen, de Colorado Springs, EUA.[11]

A história das formigas

Certo dia um homem, caminhando no campo, encontrou um trator agrícola arando um campo para prepará-lo para o cultivo. Ao olhar, ele notou que havia um formigueiro bem no caminho do veículo que se aproximava. Ele sabia que devia haver uma colônia de formigas vivendo lá e que elas certamente estavam condenadas quando o arado atingisse sua casa. Claro, vivendo em seu mundo bidimensional microscópico, elas não tinham ideia do que estava prestes a acontecer. O próprio conceito de um trator estava muito além de suas mentes limitadas. No entanto, se elas não fizessem nada, tudo o que elas trabalharam tão duro para construir seria devastado e muitas delas pereceriam.

Enquanto olhava para a situação delas, ele se perguntou como poderia alertar as formigas. Parecia não haver como ele se comunicar com elas, já que viviam em um mundo totalmente diferente. No entanto, ele sentiu grande compaixão pelas formigas e ansiava por salvá-las. O que ele poderia fazer?

Ele percebeu que, como homem, não poderia fazer nada. Ele era apenas um espectador indefeso. Mas a situação mexeu com sua imaginação. E se ele não estivesse sujeito às limitações humanas? E se ele pudesse fazer algo fenomenal, algo extraordinário, algo que no mundo das formigas seria "sobrenatural"! Será que um sinal milagroso as convenceria a sair do caminho do arado a tempo?

---

[11] Aaron Budgen — Living God Ministries — Colorado Spring, CO, EUA, *www.Livinggodministries.net.*

Mas então, como elas entenderiam a mensagem que o sinal pretendia transmitir? Como elas saberiam que tinham que se mudar? Não, enquanto pensava sobre isso, o homem percebeu que seria necessário um tipo muito especial de milagre. Se ele tivesse sucesso em sua tentativa de salvá-las, ele teria que se tornar uma formiga, para que pudesse explicar as coisas a elas de uma maneira que elas pudessem entender.

Então ele pensou novamente. Mesmo supondo que ele pudesse realizar uma transformação tão notável e comprimir sua existência humana à escala das formigas, elas acreditariam em sua mensagem? Elas o aceitariam? Esse pode vir a ser um milagre muito perigoso!

Jesus viveu há cerca de dois mil anos no que hoje chamamos de Israel, que na época fazia parte do Império Romano. Algumas pessoas dizem que Ele era apenas um rabino judeu muito iluminado. Alguns chegam ao ponto de chamá-Lo de profeta divinamente inspirado. Mas o impacto revolucionário de Jesus em nosso mundo é porque muitos outros estão convencidos de que Ele era muito mais do que qualquer uma dessas coisas. Issie e Maddie, quero que vocês saibam que eu acredito que em Jesus, de uma forma exclusivamente milagrosa, Deus entrou em nosso mundo como ser humano para se revelar a nós e nos resgatar do perigo.

Eu sei que essa é uma sugestão extraordinária; é tão ridícula quanto a história fantasiosa do pastor Budgen sobre as formigas. Mas, se Deus existe — e nos capítulos anteriores expliquei por que eu acho que faz todo o sentido acreditar que Ele existe —, que melhor forma haveria para Ele se revelar a nós? E se o nosso mundo está em perigo, e Ele se preocupa conosco, também não faz sentido acreditar que tal milagre possa ser a única maneira de nos salvar?

Eu gostaria de lhes contar como foi que eu passei a acreditar nesse milagre surpreendente. Como vocês sabem, eu cresci em uma família católica. Lembro-me de que, quando eu tinha cerca de 8 anos, minha mãe costumava me mandar para a igreja todos os domingos de manhã. Mas eu preciso ser honesto e dizer a vocês que ir à igreja não me tornou um crente cristão. Isso só encheu minha cabeça de perguntas — como as "Grandes Perguntas" sobre as quais estou escrevendo agora. Parecia que eu sempre tinha mais perguntas do que respostas.

Acho que o problema fundamental era que eu não estava satisfeito com o que me ensinaram sobre Deus na igreja e na escola. Continuei naquele estado insatisfeito de incredulidade durante toda a minha infância. Então, na véspera de Ano Novo de 1987, como um jovem de 25 anos, tudo mudou para mim de forma inesperada. Foi uma época da minha vida em que me senti particularmente triste e vulnerável. Eu estava muito solitário porque tentei, sem sucesso, formar relacionamentos com mulheres. Acabei quebrando o coração de alguém, o que me fez sentir extremamente culpado. Eu me odiava por ser incapaz de retribuir seu amor.

Ao pensar no quanto a havia ferido, percebi que tinha um problema. Eu precisava me resolver antes que pudesse considerar um relacionamento sério. Eu precisava identificar meu propósito na vida e me sentir em paz dentro de mim. Eu perambulava à noite pelas ruas vazias da cidade onde morava. Estava terrivelmente frio; lembro-me de me sentir completa e miseravelmente perdido.

De repente, me deparei com uma igreja. Para a minha surpresa, havia uma luz acesa lá dentro. Poderia ter sido deixada depois de um culto anterior, na véspera de Ano Novo? Eu não sei. De qualquer forma, isso chamou minha atenção na minha escuridão privada. Por um tempo, hesitei. Eu não decidi exatamente entrar. A porta aberta e a luz misteriosa meio que me convidaram. Lá dentro, encontrei o prédio completamente vazio, com apenas uma única vela emitindo luz, o que atraiu minha atenção. Eu realmente não sentia que tinha o direito de estar lá naquele confuso estado de vergonha, então fiquei em uma das últimas fileiras, cercado pelo silêncio assustador do lugar.

Eu não tive uma visão. Não ouvi nenhuma voz celestial. Mas, Issie e Maddie, pela primeira vez na minha vida me senti convencido não apenas da realidade da existência de Deus, mas da minha própria necessidade profunda de Sua presença em minha vida. Emocionalmente oprimido por essa percepção, comecei a chorar. Toda a vergonha e culpa que estavam sobrecarregando meu coração saíram de mim. Quebrado e aborrecido comigo mesmo, entreguei minha resistência interior à Sua reivindicação sobre mim e desajeitadamente busquei Seu perdão.

Não sei exatamente quanto tempo fiquei lá, mas no final, devo ter parecido horrível. O padre que veio trancar a igreja durante a noite me viu quando estava prestes a fechar a porta. Ele estava preocupado com minha aparência angustiada e perguntou se eu precisava de ajuda. Mas a ajuda já me havia sido dada. Para mim, essa experiência foi o início da fé. Eu entendi agora que Deus queria que eu Lhe entregasse minha vida, com todos os seus fracassos vergonhosos, para que Ele pudesse guiar meu futuro.

Não é que eu tivesse descoberto, de repente, respostas para todas as minhas dúvidas e incertezas. Eu ainda tinha um longo caminho a percorrer antes que minha mente questionadora alcançasse meu coração crente. Mas, em 1º de janeiro de 1988, essa jornada começou.

Contei à minha mãe o que havia acontecido e ela ficou muito feliz. Nos meses que se seguiram, ela me deu minha primeira Bíblia e comecei a lê-la. Foi lá, nas páginas dos Evangelhos, que cresceu dentro de mim a compreensão de que Deus realmente veio ao mundo na pessoa de Jesus e que Ele o fez porque me amava e sabia que eu precisava ser resgatado.

Capítulo 6: Por que Jesus morreu?

Vocês já pensaram como é estranho que a fé cristã se concentre tanto em torno da cruz onde Jesus morreu? Afinal, no mundo romano antigo, a crucificação era um método bárbaro de execução pública. Um símbolo de vergonha, ela era usada apenas para escravos e criminosos mais notórios. No entanto, os cristãos adornam suas igrejas com esse símbolo e até o usam no pescoço. Foi somente quando comecei a estudar a Bíblia, depois de minha experiência de mudança de vida, naquela véspera de Ano Novo, que comecei a entender o porquê.

Muitas passagens importantes do Novo Testamento me ajudaram, mas a que eu gostaria de chamar sua atenção aqui é *Lucas 22:7-20*. Ela relata o que aconteceu na noite anterior à prisão de Jesus e o que Ele tinha a dizer sobre o significado de Sua morte iminente. Aqui estão alguns dos principais versículos:

> *Chegou, porém, o dia da Festa dos Pães Asmos, em que importava sacrificar a Páscoa. E mandou a Pedro e a João, dizendo: Ide, preparai-nos a Páscoa, para que a comamos.*

> *E, chegada a hora, pôs-se à mesa e, com ele, os doze apóstolos. E disse-lhes: Desejei muito comer convosco esta Páscoa, antes que padeça.*
> *E, tomando o pão e havendo dado graças, partiu-o e deu-lho, dizendo: Isto é o meu corpo, que por vós é dado; fazei isso em memória de mim. Semelhantemente, tomou o cálice, depois da*

ceia, dizendo: Este cálice é o Novo Testamento no meu sangue, que é derramado por vós.

Há três coisas que eu quero que vocês observem:

- Jesus sabia que estava prestes a sofrer uma morte violenta e pediu a seus discípulos que se lembrassem sempre através daquela refeição sagrada, que muitos cristãos agora chamam de "Santa Ceia". Para ele, a cruz claramente não era uma tragédia, mas o culminar de sua missão divina.

- Jesus viu um significado especial no momento de sua morte; foi durante a festa judaica da *Páscoa*, quando um cordeiro era sacrificado e comido em memória da libertação milagrosa dos israelitas da escravidão no Egito, muitos séculos antes. Porém, naquela refeição da Páscoa, não havia cordeiro na mesa; em vez disso, Jesus deu a seus discípulos pão e vinho, que simbolizavam o sacrifício de Seu próprio corpo e sangue. Claramente, Ele viu uma conexão entre a morte do Cordeiro da Páscoa e Sua morte.

- Jesus acreditava que Sua morte beneficiaria seus seguidores de uma maneira muito importante. Ele disse que Seu corpo seria partido e Seu sangue derramado *"por vocês"*. Isso marcaria um divisor de águas na história, tornando possível um novo relacionamento, ou *"aliança"*, entre Deus e os seres humanos.

Seriam necessárias muitas palavras e um teólogo muito melhor do que eu para explicar adequadamente esses três pontos para vocês. Espero muito que vocês queiram ler a Bíblia e pensar sobre esse assunto por si mesmas, porque eu realmente acredito que ele é muito importante. Se vocês fizerem isso, acho que descobrirão que a chave para entender tudo isso é nossa necessidade desesperada de *perdão dos pecados*.

Muitas pessoas cometem o erro de pensar que é fácil para Deus perdoar pecados. Não é. Ele se preocupa apaixonadamente com nossas muitas falhas em amar uns aos outros, e Ele deve expressar a ira pessoal e a mágoa que esses pecados Lhe causam. É por isso que Jesus deu tantas advertências sérias sobre o julgamento divino. Mas então, como qualquer um de nós pode se sentir seguro na presença de Deus?

A resposta é que, em Jesus, Deus veio ao mundo especificamente para que pudesse suportar o julgamento que nossos pecados merecem. O cordeiro pascal era sacrificado pelos israelitas para que o julgamento de Deus sobre o Egito "passasse por cima"[12] deles e eles fossem salvos. A morte de Jesus foi o cumprimento dessa história antiga; como João Batista previu no início do ministério público de Jesus, Ele era *"o Cordeiro de Deus, que tira o pecado do mundo"* (*João 1:29*).

Muitas pessoas entendem isso errado. Elas interpretam a morte de Jesus como se Seu propósito fosse nos persuadir a sermos pessoas melhores, dando-nos um exemplo maravilhoso de amor sacrificial. Quando vemos Jesus na cruz, dizem eles, nos sentimos com a consciência pesada sobre nossos atos egoístas e, como resultado, estamos determinados a viver uma vida melhor no futuro.

Agora, é claro, há um forte elemento de verdade nisso. A história da morte de Jesus teve uma influência moral muito poderosa em muitas pessoas. Mas então, o mesmo poderia ser dito de muitos bravos mártires ao longo dos séculos. Quando vocês leem a Bíblia com atenção, no entanto, percebem que a morte de Jesus foi bem diferente. Seu propósito

---

[12] Em inglês, a palavra "Passover" (literalmente, "passar por cima") é utilizada com referência à Páscoa judaica. *(N. do T.)*

não era apenas mudar a forma como *nós* nos sentimos sobre o *nosso* pecado, mas sim como *Deus* se sente a respeito disso. Na cruz, Deus estava tornando possível que nossos pecados fossem perdoados. Ele poderia ter virado o ombro frio da indiferença para nós. Ele poderia, com perfeita justiça, ter desabafado Sua ira e nos dito para irmos para o inferno! Mas — e aqui está a boa notícia que significa esperança para o mundo — Seu coração divino anseia por reconciliação. Então, Ele nos diz: "Eu te amo. Eu quero você de volta. Mas você tem que perceber o quanto me irritou e me machucou com o que fez." É essa ira e mágoa divinas que vemos expressas e absorvidas na vergonha, na agonia, na paixão que é a cruz. Como o próprio Jesus tinha explicado aos seus discípulos naquela última ceia pascal: *"Isto é o meu corpo, que por vós é dado"*.

Algumas pessoas se opõem fortemente a esse entendimento da morte de Jesus. É ultrajante, dizem elas, sugerir que Deus amontoaria todo o julgamento que o pecado do mundo merece sobre outra pessoa que era completamente inocente. E, claro, elas estão certas; esse ato de substituição penal seria totalmente injusto. Mas elas se esquecem do ponto vital. No que diz respeito a Deus, Jesus não é "outra pessoa". Em Jesus, o próprio Deus entrou pessoalmente em nosso mundo. A mensagem surpreendente da Bíblia é que Deus se tornou um ser humano, não apenas para se revelar a nós, mas para nos salvar!

O apóstolo Paulo explica isso mais claramente quando escreve:

> *Deus estava em Cristo reconciliando consigo o mundo, não lhes imputando os seus pecados. Àquele que não conheceu pecado, o fez pecado por nós; para que, nele, fôssemos feitos justiça de Deus. (2 Coríntios 5:19,21)*

É Paulo também quem nos diz o motivo:

"...do Filho de Deus, o qual me amou e se entregou a si mesmo por mim." (Gálatas 2:20)

Capítulo 7: Jesus realmente ressuscitou dos mortos?

Por mais importante que seja a morte de Jesus, é importante perceber que a fé cristã não começou naquela primeira Sexta-feira Santa. Todos os que amavam Jesus foram reduzidos ao desespero pelos acontecimentos daquele dia tenebroso. Eles haviam depositado suas esperanças nEle como seu Messias prometido, e agora Ele havia sido cruelmente morto.

Até a fé de Pedro havia desmoronado. O líder natural de seus discípulos, ele havia confessado Jesus, apenas algumas semanas antes, como *"o Cristo, o Filho do Deus vivo"* (*Mateus 16:16*). Porém, envergonhado e com medo, ele negou três vezes que conhecia Jesus (*Mateus 26:62-66*). Como foi então que, algumas semanas depois, o covarde Pedro estava de pé entre as multidões de Jerusalém, celebrando o Pentecostes e declarando: *"esse Jesus, a quem vós crucificastes, Deus o fez Senhor e Cristo"* (*Atos 2:36*)?

A resposta está em apenas uma palavra: ressurreição. O desespero dos primeiros cristãos foi varrido pela convicção inabalável de que Jesus havia ressuscitado dos mortos. Foi dessa forma que a fé cristã realmente começou, não na Sexta-feira Santa, mas no domingo de Páscoa.

Acho que, para jovens modernos como vocês duas, Maddie e Issie, deve parecer bastante surreal fazer tanta coisa depender de um milagre que aconteceu há dois milênios. Mas de que outra forma a afirmação extraordinária de que Deus se tornou um ser humano poderia ser acreditada? Se o cristianismo é verdadeiro, então Jesus foi um milagre personificado desde o momento de sua concepção, no ventre de Maria. Não deveria ser surpresa, então, que a morte não pudesse detê-Lo. É claro que, se vocês começarem com a suposição de que milagres não existem, nunca serão capazes de aceitar esse princípio fundamental da fé cristã. Mas então, como Deus poderia se revelar a uma mente tão comprometida com o ceticismo? A pessoa que diz: "milagres não existem" está efetivamente dizendo: "Deus, Você não existe, e eu não pretendo Lhe dar nenhuma chance de provar que Você existe!". Muitos que iniciaram um exame do testemunho do Novo Testamento sobre a ressurreição com uma atitude tão cética foram forçados a mudar de ideia pela força da evidência[13]. Então, por favor, tentem manter a mente aberta!

---

[13] Aaron Budgen — Living God Ministries — Colorado Spring, CO, EUA, *www.Livinggodministries.net.*

Tenho certeza de que vocês, meninas, se lembram de uma história ensinada na época da Escola Dominical, de como foi um grupo de mulheres, incluindo a mãe de Jesus, que primeiro fez a surpreendente descoberta. A reação inicial dos discípulos foi descartar o relato delas como um absurdo histérico. Mas depois eles encontraram Jesus pessoalmente, e até mesmo isso a princípio não os convenceu! Eles pensaram que era seu fantasma e tiveram que ser repreendidos por Ele por seu pensamento incrédulo!

Um discípulo permaneceu cético por mais tempo do que os outros, porque estava ausente na primeira vez que Jesus apareceu a eles. Tomé era o nome dele. Eu sinto que tenho muito em comum com Tomé, porque ele também tinha grandes perguntas, assim como eu — especialmente quando seus amigos lhe disseram que tinham visto seu Mestre ressuscitado dos mortos! Vocês podem encontrar sua história no Evangelho de João:

> *Ora, Tomé, um dos doze, chamado Dídimo, não estava com eles quando veio Jesus. Disseram-lhe, pois, os outros discípulos: Vimos o Senhor. Mas ele disse-lhes: Se eu não vir o sinal dos cravos em suas mãos, e não puser o dedo no lugar dos cravos, e não puser a minha mão no seu lado, de maneira nenhuma o crerei. E, oito dias depois, estavam outra vez os seus discípulos dentro, e, com eles, Tomé. Chegou Jesus, estando as portas fechadas, e apresentou-se no meio, e disse: Paz seja convosco! Depois, disse a Tomé: Põe aqui o teu dedo e vê as minhas mãos; chega a tua mão e põe-na no meu lado; não sejas incrédulo, mas crente. Tomé respondeu e disse-lhe: Senhor meu, e Deus meu! Disse-lhe Jesus: Porque me viste, Tomé, creste; bem-aventurados os que não viram e creram! (João 20:24-29)*

Tomé era nitidamente uma daquelas pessoas que lutavam para encontrar fé. Ele tinha dúvidas e, para dar o crédito que lhe é devido, ele foi totalmente honesto a respeito delas. Ao contrário de muitos que teriam fingido acreditar para não se sentirem estranhos, Tomé disse a seus amigos com toda a franqueza que ele precisava "ver para crer":

"A menos que eu veja ... eu não crerei."

Não é raro ouvir pessoas hoje em dia tentando justificar sua falta de fé de modo semelhante. "Se Deus quer que eu acredite nEle", dizem elas, "então deixe-O fazer um milagre que eu possa ver com meus próprios olhos — então eu acreditarei!" É claro que isso é um erro. A fé não é algo que você pode ligar à vontade como um simples toque, quando suas condições autoimpostas são atendidas. Ela é espontânea — como apaixonar-se. Imagine dizer a alguém: "A menos que você faça isso ou aquilo, não vou me apaixonar por você". Não faz sentido! Amor e fé são dons sem esforço, que você experimenta dentro de si mesmo, mas que nunca podem ser autofabricados.

João, o discípulo que nos conta a história de Tomé, faz exatamente isso no seu Evangelho.

E, ainda que tivesse feito tantos sinais diante deles, não criam nele. (João 12:37)

Talvez seja por isso que Jesus só realizou seus milagres para aqueles que já haviam confessado fé nEle. Ele sabia que os milagres não tinham poder para gerar fé real em ninguém.

Por favor, lembrem-se disso, Maddie e Issie, quando refletirem sobre o relato que lhes dei anteriormente, daquela experiência de mudança de vida que tive em uma igreja deserta, na véspera de Ano Novo, em 1987. A fé que brotou em meu coração naquela noite não foi o resultado de nenhum esforço da minha parte. Muito pelo contrário! Como já expliquei, eu tinha todos os tipos de dúvidas. No entanto, apesar dessas muitas perguntas céticas, tornei-me um crente. Foi essa uma decisão que tomei porque Deus havia cumprido minhas condições? De modo algum! Não parecia uma escolha da minha parte — era uma rendição. Como Tomé, eu *cedi* a Deus!

Acho encorajador que Jesus não culpe Tomé por suas dúvidas ou o penalize por elas de modo algum. Ele não se ofende com as "grandes perguntas" que fazemos como uma defesa intelectual contra a fé. Ao contrário, Ele valoriza nossa honestidade absoluta. Um falso testemunho inventado para não nos sentirmos excluídos da comunidade de crentes não O impressiona em nada. Ele quer que entendamos que a fé não é uma boa obra que oferecemos a Deus em uma atitude de autocongratulação, é um dom que Deus opera dentro de nossa autorrendição — *"Meu Senhor e meu Deus!"*

Acho que é isso que Jesus estava querendo dizer em Sua resposta bastante estranha à confissão de Tomé. É uma pergunta, não uma afirmação, então eu colocaria um ponto de interrogação no final:

"Porque me viste, creste?"

Em outras palavras, "É realmente porque Eu satisfiz sua condição de 'ver para crer' que você agora tem fé em Mim, Tomé?" Claro que não! Ao examinar seu coração, Tomé sabia que a fé que agora encontrava surgindo espontaneamente dentro dele não era *obra sua*, mas *de Deus*. E é isso que ocorre com todo verdadeiro crente. A fé é uma *bênção*, como Jesus continua dizendo:

> "*Bem-aventurados os que não viram e creram.*"

Então, sim, sou grato pela bênção que me foi dada, de acreditar que Jesus realmente ressuscitou dos mortos.

E minha maior oração, minhas lindas filhas, é que vocês e qualquer outra pessoa que leia este pequeno livro também experimentem essa bênção, assim como Tomé e eu fizemos.

Capítulo 8: Onde está Jesus agora?

Vocês se lembram da história do girino Tammy, que contei logo no início do Capítulo 1? Vocês se lembram de como ela terminou?

...o próprio Grande Sapo pulou na lagoa. Ele queria nos dar este livro, para que entendêssemos por que estamos aqui e para onde estamos indo. Ele sabia que não poderíamos resolver isso sozinhos.

O girino universitário sorriu e deu um tapinha na cabeça de Tammy. "Entendo", disse ele gentilmente, embora um pouco paternalista. "Bem, diga-me isso, então. Para onde foi esse seu Grande Sapo, depois de depositar essa obra de ficção enganosa em sua mão?"

"Onde!", exclamou Tammy. "Ele pulou de volta para fora da lagoa, é claro!"

"Fora da lagoa?" "Fora da lagoa?" — os outros girinos levantaram os ombros exasperados.

"Mas não há lugar nenhum fora da lagoa!"

A pergunta "para onde Ele foi?", é claro, também surge da afirmação de que Jesus ressuscitou dos mortos. Se seu túmulo está vazio, onde Ele está agora? A resposta que a Bíblia nos dá é que Ele retornou ao lugar de onde veio originalmente. Conforme Pedro, um dos discípulos de Jesus, disse no dia de Pentecostes, Ele foi *"exaltado pela destra de Deus"* (Atos 2:33). Mais comumente, os cristãos simplesmente dizem que Ele está "com Seu Pai no *céu*". Qualquer que seja a palavra que você use para descrever esse fato, o significado é o mesmo; do ponto de vista dos girinos, Jesus "saltou de volta para fora do lago"!

Mesmo que, ao contrário dos girinos céticos da minha história, estejamos preparados para acreditar que existe um lugar como o "céu", poderíamos ser perdoados por nos sentirmos um tanto desapontados por Jesus ter ido tão longe — para "fora do lago". Não teria servido melhor ao seu propósito ficar por perto e continuar liderando Seus seguidores?

Mas estaríamos errados ao pensar assim. Jesus antecipou a tristeza que Sua partida causaria a Seus discípulos e, em uma importante conversa de despedida com eles na noite de sua prisão (registrada em *João 13-16*), deu-lhes três razões para serem positivos sobre isso.

A primeira razão: Jesus foi para o céu para preparar um lugar lá para nós quando chegar a hora de nossa morte física. Foi assim que Ele colocou naquele discurso de despedida:

> *Não se turbe o vosso coração; credes em Deus, crede também em mim. Na casa de meu Pai há muitas moradas; se não fosse assim, eu vo-lo teria dito, pois vou preparar-vos lugar. (João 14:1-2).*

Ficamos todos muito tristes quando o vovô Albert morreu em 2016, não foi? Como vocês sabem, eu não pude estar lá no final, mas escrevi para ele quando soubemos que seu câncer era terminal. Foi um grande conforto escrever aquela carta de despedida e poder falar com confiança sobre estarmos reunidos um dia no lugar que Jesus preparou para nós com Seu Pai no céu. E foi ainda mais emocionante saber de sua resposta, que ele compartilhou essa esperança comigo. Posso testificar, por experiência própria, quanta diferença a instrução de Jesus *"não se turbe o vosso coração"*[14] faz diante da morte.

---

[14] Outras traduções são: "não fiquem aflitos" e "não deixem seus corações perturbados". *(N. do T.)*

O grande pregador americano D. L. Moody disse: "Um dia vocês lerão nos jornais que D. L. Moody está morto. Não acreditem em uma palavra disso! Naquele momento, estarei mais vivo do que estou agora."[15]

Uma das razões pelas quais Jesus deixou este mundo é para que você e eu pudéssemos olhar a morte nos olhos e dizer o mesmo. Foi assim que Randy Alcorn colocou em seu livro, intitulado "Céu".[16]

> *Paulo pergunta em sua 1ª carta aos Coríntios: "Onde está, ó morte, o teu aguilhão? Onde está, ó inferno, a tua vitória?" (1 Coríntios 15:55). O que nos livra do medo da morte? O que tira a ferroada da morte? Apenas um relacionamento com a pessoa que morreu em nosso nome, aquele que foi na frente para criar um lugar para vivermos com Ele. Quem não conhece Jesus, temerá a morte e seu aguilhão, e realmente deveria.*

A segunda razão: se Jesus não tivesse voltado para o céu, então o Espírito Santo, que também é "o Espírito de Cristo" (*Romanos 8:9-10*), não teria sido derramado sobre seus seguidores. Isto é o que Jesus diz sobre isso em Seu discurso final:

> *... convém que eu vá, porque, se eu não for, o Consolador não virá a vós; mas, se eu for, enviar-vo-lo-ei. (João 16:7).*

"Consolador" é a palavra que Jesus escolhe usar aqui para o Espírito Santo. Fala de uma pessoa que dá encorajamento e instrução. Nesse ponto de suas vidas, seus discípulos eram extremamente dependentes da presença física de Jesus com eles para ambas as coisas, mas isso logo

---

[15] Dwight L. Moody (1837-1899).

[16] Randy Alcorn. *Heaven*. Tyndale House (2004).

mudaria. No dia de Pentecostes, um novo poder espiritual inundaria seus corações, enchendo-os de confiança e transformando-os em testemunhas corajosas. Toda a tristeza da partida de Jesus se dissolveria naquele momento e seria substituída por uma exuberância tão expressiva que alguns dos que a testemunharam pensaram que estavam embriagados (*Atos 2:13*)! Em sua despedida final, Jesus compara a experiência deles à de uma mulher que tem um bebê; a dor do parto é completamente esquecida em meio à alegria de uma nova vida (veja *João 16:20-22*).

E a maravilhosa verdade, Maddie e Issie, é que os seguidores de Jesus hoje também sabem algo sobre a obra desse Espírito. Para mim, Jesus não é um herói morto do passado; Ele é meu amigo vivo! Seu Espírito interior O torna real para o meu coração.

A terceira razão: nossa separação física de Jesus ressuscitado não é permanente, pois Ele planeja voltar do céu um dia:

> *E, se eu for e vos preparar lugar, virei outra vez e vos levarei para mim mesmo... (João 14:3a)*

Há uma ambiguidade fascinante nas palavras de Jesus em seu discurso de despedida. Ele diz mais de uma vez que está indo embora apenas temporariamente. Ele vai "voltar". Mas o que Ele quer dizer com isso? Ele está se referindo à vinda do Espírito Santo — Ele está dizendo que a vinda do Espírito será Ele retornando de outra forma? Ou Ele está aludindo à morte futura de seus discípulos e assegurando-lhes que eles não precisam ter medo, porque após a morte eles se reunirão com Ele? Sim, Ele sem dúvida quis dizer essas duas coisas. Mas Ele quis dizer outra coisa — algo que os discípulos aprenderiam no dia em que se despedissem dEle pela segunda vez, após sua ressurreição. Lucas registra isso logo no início do livro de Atos:

> *Aqueles, pois, que se haviam reunido perguntaram-lhe, dizendo: Senhor, restaurarás tu neste tempo o reino a Israel? E disse-lhes: Não vos pertence saber os tempos ou as estações que o Pai estabeleceu pelo seu próprio poder. Mas recebereis a virtude do Espírito Santo, que há de vir sobre vós; e ser-me-eis testemunhas tanto em Jerusalém como em toda a Judeia e Samaria e até aos confins da terra. E, quando dizia isto, vendo-o eles, foi elevado às alturas, e uma nuvem o recebeu, ocultando-o a seus olhos. E, estando com os olhos fitos no céu, enquanto ele subia, eis que junto deles se puseram dois varões vestidos de branco, os quais lhes disseram: Varões galileus, por que estais olhando para o céu? Esse Jesus, que dentre vós foi recebido em cima no céu, há de vir assim como para o céu o vistes ir. (Atos 1:6-11)*

Por mais maravilhoso que seja saber que vamos estar com Jesus no céu quando morrermos, é importante saber que o céu não é nosso destino final. Não, Deus tem planos para recriar todo o universo — para fazer "um novo céu e uma nova Terra" (veja *Apocalipse 21:1*). Quando esse grande dia chegar, Jesus retornará pessoalmente e receberemos novos corpos, como o corpo ressurreto de Jesus. Falarei mais sobre isso no capítulo final. Mas, se vocês não puderem esperar até lá, podem ler sobre isso naquele maravilhoso capítulo do apóstolo Paulo, citado anteriormente por Randy Alcorn (*1 Coríntios 15*).

Parte 3 — JESUS E VOCÊ

Capítulo 9: O que é um cristão? (parte 1)

Nesta terceira seção, chegamos à questão muito importante da diferença que Jesus pode fazer para vocês e para mim. A principal razão pela qual escrevi este livro para vocês, Maddie e Issie, é chegar a este ponto. Quero explicar a vocês o que é um cristão.

Mas, antes de entrar nisso, quero explicar algumas coisas que um cristão NÃO é. Acho que muitas pessoas têm ideias erradas sobre o assunto.

Um cristão não é apenas alguém que nasceu em uma família cristã

Vocês podem se surpreender com essa afirmação, porque vocês nasceram em uma família católica. Embora não fôssemos católicos praticantes, como pais, sentimos que deveríamos batizar vocês duas. Isso foi principalmente para nos ajudar a nos encaixar em nossa sociedade e agradar outros parentes; na época, era mais uma questão de tradição do que uma declaração pessoal de fé. Quando penso nisso agora, não tenho certeza se foi uma escolha sábia, porque o batismo infantil leva muitas pessoas a pensar que alguma magia na água benta pode transformá-las em um cristão. A água não tem esse poder. Celebrar o nascimento de um novo bebê no batismo não é errado, mas deve ser claramente entendido que essa é apenas uma expressão do desejo dos pais de que seu filho cresça e se torne cristão; os rituais da igreja não podem realmente torná-lo um.

Um cristão não é apenas alguém que vai à igreja

Intimamente relacionadas a ideias erradas sobre o batismo estão as ideias erradas sobre a igreja em geral. Por muitos anos, pensei que ir à igreja me tornava um cristão. Mais uma vez, isso era mais uma questão de obrigação social do que de fé pessoal. Acho que muitas pessoas vão à igreja porque querem se sentir respeitáveis. Talvez elas queiram que seus filhos tenham um lugar em uma escola da igreja local. Talvez elas pensem que Deus os recompensará com mais prosperidade. Ou talvez elas sejam simplesmente supersticiosas e com medo de morrer sem a bênção de um sacerdote.

Como expliquei no início deste livro, minha frequência à igreja quando jovem não fez nada para resolver minha confusão interior. Isso só me deixou com muitas "grandes perguntas", mas sem respostas. Para ser honesto, em muitas das igrejas que frequentei, me senti um pouco desajustado — como se tivesse que me adequar a certas expectativas sociais para pertencer a elas. As igrejas geralmente têm regras tácitas sobre coisas como beber e fumar, como você se veste, que tipo de companhia você mantém e, é claro, sexo — existem todos os tipos de regras sobre isso! Mas ser cristão não é um status conferido a você pela comunidade da igreja. Não é a mesma coisa que ter uma boa reputação como uma pessoa "religiosa".

Jesus deixou isso muito claro em Seus frequentes debates com os fariseus. Eles eram os respeitáveis frequentadores da igreja de sua época, e nunca poderiam se sentir mais felizes do que quando frequentavam a sinagoga judaica local ou o grande Templo de Jerusalém. Mas, como Jesus aponta em Seu famoso Sermão da Montanha, eles tudo faziam "para serem vistos pelos homens" (*Mateus 6:1*). Se dessem dinheiro para caridade, eles se certificavam de que todos soubessem (*Mateus 6:2*). Se fizessem suas orações, eles cuidavam para que todos ouvissem (*Mateus 6:5*). Se mantivessem um jejum religioso, eles queriam ter certeza de que isso seria óbvio para todos (*Mateus 6:16*). E quando se tratava de manter regras sociais mesquinhas e se sentir superior às outras pessoas, eles estavam literalmente em uma classe própria. Mas tudo era uma peça de teatro religiosa — um show feito para impressionar. Jesus não tinha nada além de desprezo por sua chamada "piedade". Ele chamou isso de "hipocrisia" e advertiu a todos nos termos mais fortes para tomarem cuidado com isso (ver *Mateus 23).*

Agora, por favor, não me entendam mal sobre isso, Maddie e Issie. Não estou dizendo que ir à igreja não tenha um papel importante na vida de um cristão. É claro que tem! No livro de Atos, encontramos os primeiros cristãos que se encontravam regularmente para o que chamavam de "comunhão". O apóstolo Paulo dedicou sua vida como missionário, fundando essas congregações locais, e a maioria de suas cartas preservadas no Novo Testamento foram escritas para encorajá-las e instruí-las. Então, por favor, não pensem que sou "anti-igreja". Lembrem-se, foi em um prédio da igreja que conheci Jesus pessoalmente e descobri a fé que estou recomendando a vocês neste livro.

Eu só quero que fique bem claro em sua mente que ir à igreja e ser cristão são duas coisas bem diferentes.

O cristão não é apenas uma "boa pessoa"

Novamente, isso pode parecer um pouco controverso, mas precisa ser dito. Acho que muitos indivíduos usam a palavra "cristão" simplesmente para descrever um comportamento gentil, generoso ou moralmente correto. Eles podem concordar que os frequentadores da igreja podem ser muito hipócritas ou pomposos. Eles podem negar enfaticamente que sejam de alguma forma religiosos. Mas eles ainda gostariam de se classificar como "cristãos" porque tentam viver uma vida "boa". Eles imaginam que, quando morrerem, Deus colocará todas as suas ações em uma balança e julgará se as boas superaram as más!

Mas esse é outro grande erro. Para começar, significa que você nunca pode se sentir seguro sobre o céu, pois que nível de "bondade" é suficiente para satisfazer a Deus? Como você sabe quando atingiu a marca de aprovação? Porém, mais fundamentalmente do que isso, superestima totalmente nossa capacidade humana de "bondade". Esse foi o maior problema com aqueles fariseus. Eles tentaram estabelecer sua justiça aos olhos de Deus obedecendo a regras, algumas derivadas da Lei do Antigo Testamento, mas muitas outras inventadas por eles mesmos. Esse tipo de legalismo ainda existe nos dias atuais, especialmente nas igrejas, e é tremendamente enganoso. O fato é que, não importa o quão bons sejamos em cumprir as regras, nunca poderemos nos tornar bons o suficiente para Deus dessa maneira.

O apóstolo Paulo nos diz que o propósito dos Dez Mandamentos é, na verdade, *conhecermos* o quão irremediavelmente pecaminosos todos nós somos. Mas a lei de Deus não pode lhe dar o poder moral necessário para guardá-la. Ironicamente, quanto mais nos convencemos de que somos "bons", mais orgulhosos e hipócritas nos tornamos. E o orgulho e a autojustiça são os piores pecados de todos!

Tudo isso é resumido em uma frase importante na Carta de Paulo aos Romanos:

> *Por isso, nenhuma carne será justificada diante dele pelas obras da lei, porque pela lei vem o conhecimento do pecado. (Romanos 3:20)*

Então, se o batismo não pode torná-lo justo com Deus, se ir à igreja não pode fazê-lo, se tentar viver uma vida moralmente boa não pode fazê-lo, parece que estamos completamente desamparados nessa questão. Não há nada que possamos fazer? Exato! Estamos desamparados — e é exatamente por isso que a Bíblia diz que precisamos de *resgate*! Então, deixe-me falar rapidamente sobre o resgate que Deus providenciou.

Capítulo 10: O que é um cristão? (parte 2)

Se nenhuma das coisas que consideramos no capítulo anterior pode tornar uma pessoa cristã, o que a torna? A resposta é surpreendente. Acho que a melhor maneira de falar sobre isso é apresentando um parágrafo muito importante na carta de Paulo aos Efésios:

> *E vos vivificou, estando vós mortos em ofensas e pecados... éramos por natureza filhos da ira, como os outros também. Mas Deus, que é riquíssimo em misericórdia, pelo seu muito amor com que nos amou, estando nós ainda mortos em nossas ofensas, nos vivificou juntamente com Cristo... e nos ressuscitou juntamente com ele, e nos fez assentar nos lugares celestiais, em Cristo Jesus; para mostrar nos séculos vindouros as abundantes riquezas da sua graça, pela sua benignidade para conosco em Cristo Jesus. Porque pela graça sois salvos, por meio da fé; e isso não vem de vós; é dom de Deus. Não vem das obras, para que ninguém se glorie. (Efésios 2:1-9 — ligeiramente abreviado)*

A má notícia — o que somos antes de nos tornarmos cristãos

Paulo diz que, antes de nos tornarmos cristãos, estamos "mortos em ofensas e pecados". Claro, ele não quer dizer literalmente "mortos". Mas, assim como um cadáver não pode fazer nada para ajudar a si mesmo, também somos impotentes sob o julgamento de Deus — "filhos da ira", como ele diz. Então, precisamos desesperadamente ser "salvos".

A boa notícia — o que Deus faz por um cristão

Deus providenciou o resgate de que precisamos dessa situação deprimente por meio da morte e ressurreição de Cristo. Paulo diz que um cristão é uma pessoa em quem Deus literalmente operou um milagre. De uma forma misteriosa, que ele não explica aqui, estamos espiritualmente unidos a Jesus e "vivificados" com ele. Como resultado, em vez de julgamento, somos libertados do fardo da condenação e, em vez disso, recebemos "as riquezas incomparáveis da graça de Deus".

Posso dizer-lhes por experiência própria, minhas queridas meninas, como é maravilhoso esse resgate divino; a libertação do coração, o alívio da culpa, o sentimento de fuga da escravidão sem esperança de uma natureza pecaminosa, a alegre esperança de que um dia estarei com Deus no céu, tudo isso e muito mais varreu minha vida como um vento irresistível de mudança quando descobri o que significava chamar Jesus de "meu Salvador".

Imagine por um momento alguém que cometeu um crime capital e foi condenado à morte como resultado. Imagine-o vivendo no corredor da morte, esperando com medo pelo inevitável dia da sua execução. Agora imagine a transformação se, completamente do nada, o juiz ouvir um novo argumento legal que lhe permita emitir um perdão total! A sentença de morte é cancelada e o prisioneiro é libertado, sem qualquer mancha em seu caráter. Foi assim que me senti! Você pergunta como Deus, o justo Juiz, poderia reter Sua justiça e ainda perdoar um pecador confesso, como eu? Foi Jesus quem tornou isso possível, por meio de Sua morte na cruz. Ele forneceu um novo argumento legal ao morrer em nosso lugar. Vocês se lembram que eu expliquei isso no Capítulo 6? Voltem a ele, se não se lembram mais, porque é muito importante. Jesus tomou sobre Si a pena de morte pelos nossos pecados e, como resultado de Sua substituição extraordinária, um Deus justo pode declarar os pecadores inocentes e ressuscitá-los da morte para a novidade de vida.

É assim que Paulo coloca em outra passagem-chave:

> Deus estava em Cristo reconciliando consigo o mundo, não lhes imputando os seus pecados... Àquele que não conheceu pecado, o fez pecado por nós; para que, nele, fôssemos feitos justiça de Deus. (2 Coríntios 5: 19,21)

Por que Ele faz isso

Esse resgate mostra a extraordinária generosidade divina, ou, para usar a palavra de Paulo naquela passagem de Efésios, "graça". Merecemos o Inferno, mas nos é prometido o Céu. Se perguntarmos: "Por que Deus é tão generoso comigo?", a resposta de Paulo é novamente uma única palavra; é "por causa de Seu grande amor por nós".

Uma das histórias mais famosas que Jesus já contou é uma ilustração poderosa dessa notável graça e amor divinos. Ele fala de um pai por um filho rebelde. O jovem estava impaciente e insatisfeito. Ele disse: "Eu não quero ficar na casa da família até você morrer, pai. Dê-me minha herança agora, enquanto sou jovem o suficiente para desfrutá-la!" E, surpreendentemente, o pai fez o que ele pediu. Com isso, o jovem saiu de casa e desperdiçou todo o dinheiro que recebera com festas em um país distante. Jesus diz que, por fim, o jovem, chegando ao ponto de alimentar-se com os porcos para viver, caiu em si. "Que tolo eu fui!", disse para si mesmo. "Os servos de meu pai estão em melhor situação do que eu! Vou para casa e implorarei seu perdão. Vou pedir a ele que me trate como um servo, pois é tudo o que eu mereço!".

A próxima parte da história é tão bonita que devo citá-la exatamente como está registrada na Bíblia:

> *E, levantando-se, foi para seu pai; e, quando ainda estava longe, viu-o seu pai, e se moveu de íntima compaixão, e, correndo, lançou-se-lhe ao pescoço, e o beijou. E o filho lhe disse: Pai, pequei contra o céu e perante ti e já não sou digno de ser chamado teu filho. Mas o pai disse aos seus servos: Trazei depressa a melhor roupa, e vesti-lho, e ponde-lhe um anel na mão e sandálias nos pés, e trazei o bezerro cevado, e matai-o; e comamos e alegremo-nos, porque este meu filho estava morto e reviveu; tinha-se perdido e foi achado. (Lucas 15:20-24)*

Infelizmente, até mesmo um presente oferecido por tão maravilhosa graça e amor pode ser recusado. E em um final surpreendente para sua história, Jesus ilustra essa possibilidade sombria nos contando sobre o irmão mais velho do jovem (Lucas 15:25-31). Ao contrário de seu irmão mais novo, esse irmão permaneceu em casa, trabalhando fielmente na fazenda da família. Quando viu como seu pai estava disposto a ser generoso com seu irmão rebelde, ele ficou zangado, reclamando amargamente que nunca havia sido presenteado com um banquete comemorativo como esse. Fumegando de indignação e inveja, ele arrogantemente recusou o convite de seu pai para participar da festa.

Então, Jesus confirma a afirmação que eu fiz no Capítulo 9 — um cristão não é apenas uma boa pessoa. Pois nenhum de nós pode ser bom o suficiente. Se nos vangloriamos de que somos, então imediatamente destruímos nossa suposta bondade por nossa arrogante justiça própria, como fez o irmão mais velho e "irrepreensível". O orgulho pode ter mantido o irmão mais novo em seu chiqueiro, mas ele encontrou a humildade necessária para se arrepender e foi recebido em uma festa que sabia que não merecia. Seu irmão, por outro lado, sentiu que havia conquistado seu lugar, orgulhosamente recusou o convite de seu pai e acabou perdendo a festa por completo. Como alguém disse: "O orgulho é a capa de chuva que o orvalho da graça não pode penetrar".

Como recebemos isso

Então, como recebemos o perdão e a reconciliação gratuitos de Deus? Mais uma vez, a resposta de Paulo é uma única palavra: *"Porque pela graça sois salvos, por meio da fé"*.

As pessoas às vezes entendem mal a mensagem da Bíblia nesse ponto, porque pensam na fé como uma espécie de substituto para o bom trabalho. Elas interpretam Paulo como querendo dizer que, uma vez que não podemos manter as regras morais de Deus perfeitamente, Ele "reduziu a nota para passar" e disse que é suficiente para nós apenas "acreditar". Paulo se esforça aqui para deixar claro que tal noção está completamente errada. A fé é exatamente o oposto de uma "boa obra" humana, pois é a admissão de que não temos "boas obras" a oferecer. A fé não é nada para se orgulhar. Todo mérito, orgulho e ostentação são excluídos, diz ele, porque do início ao fim, esse resgate milagroso é obra de Deus, não nossa.

Então, o que é fé? Apenas um par de mãos vazias, isso é tudo! Um par de mãos vazias que, em confessado desamparo e indignidade, recebem com gratidão o que Deus fez. Assim como o filho perdido, Deus Pai está apenas esperando para nos ouvir admitir nossos pecados e voltar para Ele. Ele corre para encontrar absolutamente qualquer pessoa assim, e nas mãos vazias da fé, Ele coloca todas as bênçãos de ser Seu filho querido novamente. "Amor" é a única palavra que temos para descrever tal misericórdia e bondade imerecidas.

Capítulo 11: Alguém pode se tornar cristão?

Há um versículo na Bíblia que tenho certeza que vocês, meninas, devem ter ouvido em algum momento de suas vidas. É João 3:16:

> Porque Deus amou o mundo de tal maneira que deu o seu Filho unigênito, para que todo aquele que nele crê não pereça, mas tenha a vida eterna.

Este capítulo é sobre o termo encorajador *"todo aquele"*. É um termo totalmente inclusivo, não é? Ele não deixa ninguém de fora, não importa quem seja ou o que tenha feito. Os psicólogos às vezes falam sobre nossa necessidade universal de experimentar o amor *incondicional*. Bem, o famoso texto nos diz que esse é exatamente o tipo de amor que Deus nos mostra em Jesus.

Creio que há duas razões pelas quais as pessoas às vezes acham isso difícil de aceitar. A primeira é que fomos criados em uma cultura que diz que você só deve receber o que *merece*. O aluno que passa no exame *merece* a qualificação, porque estudou muito diligentemente para obtê-la. O atleta que vence a corrida *merece* o prêmio, porque se esforçou muito ao treinar para isso. O empresário de sucesso *merece* sua riqueza, porque trabalhou muito arduamente para ganhá-la. Sofremos uma lavagem cerebral com essa suposição desde a infância; você só deve receber o que *merece*. É por isso, é claro, que tantas pessoas têm a ideia equivocada de que você se torna um cristão por boas obras de um tipo ou de outro. Queremos desesperadamente sentir que merecemos a aprovação de Deus.

E isso está intimamente relacionado com a outra razão pela qual achamos difícil aceitar a verdadeira mensagem cristã: nosso *orgulho*.

Lembro-me de que, no meu último ano como estudante, me vi completamente falido e sem lugar para morar, porque a residência estudantil da faculdade não tinha mais quartos. Então, no último trimestre do ano, pouco antes da minha formatura, eu não tinha onde morar. Minha autoconfiança sofreu um grande golpe, como vocês podem imaginar. Um dos meus melhores amigos, Marc, morava em casa com os pais. Ele se ofereceu para me hospedar em sua casa por alguns meses, até que eu terminasse meu estudo. No começo, eu disse não. Eu não estava disposto a aceitar sua "caridade". Mas, quando pensei em ter que morar no meu carro durante o último mês frio do inverno, percebi que era estúpido recusar essa generosidade apenas para preservar meu ego. Então, com certa relutância, aceitei a oferta e tudo se resolveu melhor do que eu poderia ter sonhado. Mesmo que sua família não me conhecesse, eles foram incrivelmente gentis. Serei eternamente grato por sua hospitalidade. Aprendi uma lição importante naquele inverno; nunca deixe que o orgulho impeça os outros de ajudá-lo. Eu acho que essa é uma lição que algumas pessoas nunca aprendem.

Vocês, meninas, se lembram de quando ajudamos na van de "sopa para os famintos" de São Vicente em um Natal em Melbourne? Um dos semteto com quem vocês conversaram não queria receber comida de um voluntário. Ele estava muito orgulhoso de si mesmo, porque conseguiu recompor sua vida por um curto período de tempo, mas acabou perdendo tudo e foi parar novamente nas ruas, por causa de seu vício em drogas. Tenho certeza de que vocês se lembram da urgência com que ele avisou vocês duas para ficarem longe das drogas. Ele era uma pessoa com muitos conflitos, não era? Assim como minha reação inicial à oferta de Marc, ele precisava de ajuda, mas era orgulhoso demais para aceitá-la. Algumas pessoas parecem não ser capazes de escapar dessa armadilha; elas preferem recusar a graça de Deus a deixar de lado seu orgulho e aceitá-la.

O resultado de nossa obsessão humana com o *deserto* e o *orgulho* é que colocamos limites na disposição de Deus de amar incondicionalmente. Esse termo encorajador "todo aquele" é apagado e substituído por algum tipo de "cláusula se": você só pode se tornar um cristão *se* satisfizer esta ou aquela condição.

Na mente de muitas pessoas, acho que tudo isso se confunde com a questão do *arrependimento*. Teremos um pouco mais a dizer sobre isso no próximo capítulo, quando falarmos sobre o custo de se tornar um discípulo cristão. Tudo o que precisamos dizer aqui é que, se alguém se tornar genuinamente cristão, haverá uma mudança em seu comportamento. O Espírito de Jesus os torna vivos para Deus de uma maneira nova e isso transforma seu coração, tornando-os sensíveis ao pecado em sua vida. Se eles perceberem que Deus estava infeliz com algo em sua vida anterior como não-cristãos, eles descobrirão um novo poder moral interior que busca ser diferente no futuro. Esse desejo interior de reforma moral é chamado de "arrependimento", a razão pela qual o comportamento moral de uma pessoa sempre melhora quando ela se torna um verdadeiro cristão.

Mas é vital entender que tal mudança de comportamento é o *resultado* de uma experiência da graça de Deus, não do bom trabalho que a *merece*. É o que Paulo chama de *"o fruto do Espírito"* (*Gálatas 5:22*): a evidência moral de que o Espírito de Jesus realmente passou a habitar em uma vida.

Deixem-me dar alguns exemplos. Talvez vocês já tenham ouvido a história de um alcoólatra ou viciado em drogas recuperado. Muitos testemunham a maneira como voltar-se para Jesus quebrou o domínio de tais hábitos autodestrutivos, quando a medicina e o aconselhamento humanos falharam completamente. Ouçam atentamente esses testemunhos e vocês descobrirão que eles sempre dão o crédito pela transformação somente a Deus. Não é o que eles fizeram para se salvar; é o que Deus fez quando entrou em suas vidas.

Em minha jornada como cristão, sei que Deus me transformou de várias maneiras. As tentações às quais eu nunca conseguia resistir, o mau humor que não conseguia controlar, a inveja materialista que sentia — tudo isso desapareceu quando Deus mudou meu coração. Eu sei que não sou perfeito; a mudança que Deus realiza envolve um processo de crescimento espiritual ao longo do tempo. Mas acho que vocês sabem que sou muito diferente agora da pessoa que já fui. E não há como enfatizar o suficiente que essa é a obra de Deus em mim; eu não me tornei uma pessoa melhor para que Deus me abençoasse. Ele me abençoou primeiro, o que me fez tornar uma pessoa melhor.

No entanto, encontramos um problema sobre certos tipos de comportamento que nem todos os cristãos consideram pecaminosos. Novamente, teremos mais a dizer sobre isso no Capítulo 14, quando falarmos sobre por que os cristãos às vezes divergem. Aqui, basta observar que todo cristão é livre para obedecer à sua consciência aos olhos de Deus. Não temos o direito de excluir ninguém da graça de Deus porque eles não guardam nossas regras.

Na igreja primitiva, havia muita tensão sobre o quanto da Lei Judaica um cristão deveria obedecer (veja *Atos 15:1-2*). Hoje em dia, um legalismo semelhante pode tornar difícil para aqueles de uma formação cultural ou religiosa diferente serem aceitos pela comunidade cristã. Um dos meus mentores é Aaron Budgen[17], que é pastor e professor do evangelho com sua estação de rádio e *site* da Web com sede em Colorado Springs. O que é fascinante a seu respeito é que ele era um rabino judeu. Quando ele passou a acreditar que Jesus é o Messias, ele experimentou muita alienação de sua comunidade. Mas o quanto ele precisava mudar? Ele deveria parar de frequentar a sinagoga? Ele deveria parar de guardar festas judaicas, como a Páscoa? Ele deveria circuncidar seus filhos? Ele deveria aceitar comer carne de porco? Aaron mudou de muitas maneiras, mas nem todos os cristãos concordam com a maneira como ele procurou reconciliar sua cultura judaica com sua nova identidade cristã. Eu percebi, no entanto, que não caberia a mim dizer a Aaron o que fazer. As respostas a essas perguntas são entre ele e Deus. Ninguém tem o direito de dizer: "Aaron, você só pode se tornar um cristão se seguir nossas regras".

Deixem-me dar um exemplo ainda mais controverso. Conheço um autor britânico e ex-pastor cujos livros e ensinamentos foram inspiradores para mim; seu nome é Roy Clements[18]. Acredito que Roy é realmente um homem de Deus. Porém, descobri mais recentemente que ele é *gay*. Eu

---

[17] Aaron Budgen — Living God Ministries — Colorado Spring, CO, EUA, *www.Livinggodministries.net.*

[18] Roy Clements — ex-pastor da Igreja Batista Eden, Cambridge, Reino Unido.

tive que refletir sobre isso; será que isso significava que eu havia sido enganado e que, afinal, ele não poderia ser um cristão genuíno? Mais uma vez, concluí que eu não deveria julgá-lo; assim como o judaísmo de Aaron, isso é entre Roy e Deus. Eu sei que alguns cristãos acreditam que todas as expressões de homossexualidade são pecaminosas, então eles dizem que nenhum *gay* praticante pode se tornar cristão. Mas quem somos nós para julgar esse assunto controverso? Foi a serpente no Jardim do Éden que tentou Eva com o pensamento orgulhoso de que ela poderia "ser como Deus, sabendo o bem e o mal" (ver Gênesis 3:5).

Não acredito que seja nosso papel julgar se os outros são pecadores ou não. Em vez disso, devemos nos alegrar em compartilhar a maravilhosa mensagem do amor incondicional de Deus.

Então, deixem-me repetir aquele famoso texto de "todo aquele" novamente — ele é muito importante!

> *Porque Deus amou o mundo de tal maneira que deu o seu Filho unigênito, para que **todo aquele** que nele crê não pereça, mas tenha a vida eterna.*

Capítulo 12: O que é preciso para ser um cristão?

Nos capítulos anteriores, enfatizei que a salvação é um dom que não podemos ganhar. Mas não quero que vocês pensem que, por ser gratuito, ele é barato. Custa muito a Deus fornecê-lo, e Jesus repetidas vezes adverte que também pode nos custar algo. Aqui está um exemplo do que quero dizer:

> *E Jesus, vendo em torno de si uma grande multidão, ordenou que passassem para a outra margem. E, aproximando-se dele um escriba, disse: Mestre, aonde quer que fores, eu te seguirei. E disse Jesus: As raposas têm covis, e as aves do céu têm ninhos, mas o Filho do Homem não tem onde reclinar a cabeça. E outro de seus discípulos lhe disse: Senhor, permite-me que, primeiramente, vá sepultar meu pai. Jesus, porém, disse-lhe: Segue-me e deixa aos mortos sepultar os seus mortos. E, entrando ele no barco, seus discípulos o seguiram. E eis que, no mar, se levantou uma tempestade tão grande, que o barco era coberto pelas ondas; ele, porém, estava dormindo. E os seus discípulos, aproximando-se, o despertaram, dizendo: Senhor, salva-nos, que perecemos. E ele disse-lhes: Por que temeis, homens de pequena fé? Então, levantando-se, repreendeu os ventos e o mar, e seguiu-se uma grande bonança. E aqueles homens se maravilharam, dizendo: Que homem é este, que até os ventos e o mar lhe obedecem? (Mateus 8: 18-27)*

Note a surpreendente reação de Jesus às multidões que Seu ministério atraía; Ele entrou em um barco e deixou claro que pretendia navegar para o outro lado do mar! Isso parece ter sido uma espécie de teste. Ele queria ver a seriedade das pessoas ao segui-Lo. E, claramente, isso funcionou, pois alguns começaram a ter dúvidas.

Imagine um professor de direito, por exemplo. Jesus parece ter visto algum perigo no desejo desse homem de se tornar um discípulo. Ele era um profissional rico, com uma casa grande e confortável. Na estrada com Jesus, ele poderia ser um sem-teto. Como ele se sentiria sobre isso? A segurança financeira também era provavelmente o problema para o pretenso discípulo que pede a Jesus um pouco mais de tempo. Seu pai era velho e ele queria ter certeza de que receberia sua herança antes de sair de casa. Quando pensamos sobre isso em termos práticos, dinheiro e família não são as únicas coisas que podem atrapalhar o compromisso sincero com Jesus. Imagine, por um momento, um jovem casal naquela multidão à beira do mar. Eles estão apaixonados — mas Jesus está entrando em um barco. Ou os dois entram com ele, ou ambos ficam na praia, ou eles vão embora!

Quando o barco partiu, havia apenas um punhado de seguidores com Ele, principalmente pescadores humildes. Não é preciso ser instruído, rico ou famoso para ser cristão. Basta colocar Jesus em primeiro lugar, e isso é tudo. Mas isso sempre envolve sacrifício, não importa quem você seja.

Acho que aqueles que decidiram ficar na praia logo se sentiram justificados quando viram a tempestade que de repente surgiu e engoliu o pequeno barco. "Ainda bem que eu não fui com Ele!", devem ter dito para si mesmos. Certamente, seguir Jesus não seria um cruzeiro de luxo. Muito pelo contrário, as coisas seriam imprevisíveis, desconfortáveis e até perigosas! E como eles teriam se sentido enganados se estivessem lá para ver Jesus dormindo enquanto tremiam com a perspectiva de uma morte em pleno mar! Mas, na verdade, os que estavam a bordo não precisavam temer, pois aquele pequeno barco, jogado pela tempestade, era indestrutível — havia alguém nele que só precisava falar para silenciar o vento e acalmar as ondas.

Sim, entrar no barco com Jesus envolve custo, mas também significa aventura. Podemos enfrentar adversidades, desafios e até a morte. Certamente precisaremos de fé. Mas, na verdade, é a multidão que escolhe a segurança da costa que está em maior risco e, no final da jornada, eles se verão perdedores.

Maddie, Issie, quero ser muito honesto com vocês sobre o que é preciso para ser um cristão. É tentador pintar um quadro cor-de-rosa, mas simplesmente não seria verdade. Eu sei, por experiência própria, que ser cristão é muitas vezes escolher o caminho mais difícil da vida. Na minha memória, sempre ficou algo que Jesus disse no final de seu famoso Sermão da Montanha a esse respeito, que influenciou significativamente minhas próprias escolhas de vida:

> *Entrai pela porta estreita, porque larga é a porta, e espaçoso, o caminho que conduz à perdição, e muitos são os que entram por ela; e porque estreita é a porta, e apertado, o caminho que leva à vida, e poucos há que a encontrem. (Mateus 7:13-14)*

Não muito tempo depois de me tornar cristão, me ofereceram a oportunidade de viajar para o exterior a trabalho. Significava viver em um país estrangeiro, cuja língua eu mal conhecia, e trabalhar em um projeto para o qual eu tinha muito pouca experiência. Lembro-me de que, no início, me senti muito sozinho e vulnerável, de certa forma como alguns dos que estavam no barco com Jesus devem ter se sentido ao deixar a praia. Eu realmente tive que deixar de lado meu medo e confiar em Deus. E, vocês sabem, logo comecei a me acostumar com a mudança na minha vida. Meu novo relacionamento com Deus me deu uma espécie de resiliência na situação. Eu me adaptei à cultura estrangeira com notável facilidade; fiz diversos novos amigos muito bons; e rapidamente ganhei a experiência de que precisava para fazer o novo trabalho com confiança e bem. Ainda mais inesperado, conheci a mãe de vocês, Ingrid! Assim, a provação que eu temia se transformou em uma aventura maravilhosa! Era como se Deus soubesse que eu precisava de alguém em minha vida para compartilhar essa jornada assustadora comigo. Tudo mudou a partir de então. Nós nos casamos; viajamos juntos; e tivemos duas lindas filhas. Aprendi que, embora dizer sim à mão controladora de Deus em minha vida pudesse trazer grandes mudanças, que pareciam ameaçar minha segurança com essa confiança, eu poderia confiar nEle para me abençoar.

Essa lição foi reforçada quando voltamos da França, como uma jovem família, para morar em Sydney, Austrália. Pessoalmente, esse foi um período muito mais difícil para mim. Minha fé estava crescendo, mas eu estava cada vez mais tentado pelo desejo de mais riqueza e conforto. Gastei muito tempo e energia na ambição gananciosa de ganhar dinheiro. Tragicamente, como vocês sabem, isso levou ao fracasso do nosso casamento. Eu estava egoisticamente me concentrando na minha necessidade de ser amado e realizado na vida, quando o desafio de Jesus era que eu trouxesse o amor de Deus para o meu relacionamento com Ingrid e vocês, meninas.

Foi uma lição muito difícil de aprender, mas Deus não desistiu de mim. Ele nunca o faz. Ele nunca nos testa além de nossa capacidade, pois Seu objetivo é sempre nutrir nosso crescimento espiritual. Lentamente, recuperei os sentidos e percebi que precisava colocar Deus em primeiro lugar na minha vida novamente. Ele me deu uma segunda chance com Carolina. E agora, Ele conquistou a vitória sobre a ganância materialista dentro de mim. Estou contente com as muitas bênçãos que tenho como Seu filho, que excedem em muito toda a riqueza do mundo.

Se vocês decidirem entrar no barco com Jesus, como eu fiz, então prometo que precisarão de coragem e determinação. Até mesmo os maiores cristãos às vezes falham no teste. Por exemplo, pensem no discípulo Pedro, que mais tarde se tornou o líder da igreja que nascia. Na noite em que Jesus foi preso, ele negou que conhecesse a Jesus, não uma, mas três vezes (vocês podem encontrar a história em *Marcos 14*)! Contudo, mesmo uma traição tão lamentável quanto essa não era uma desqualificação permanente. Nesse ponto, embora Pedro tivesse negado sua fé e até mesmo a disposição de morrer por Jesus, ele jurou além de suas forças, pois ainda não havia sido capacitado pelo Espírito Santo. Algumas semanas depois, no dia de Pentecostes (ver *Atos 2*), ele se tornou um homem muito diferente — cheio de testemunho corajoso. Na verdade, por fim ele deu sua vida como um mártir cristão.

Portanto, não desanimem com o medo do fracasso. Entrar no barco com Jesus pode muito bem ser o início de uma jornada desafiadora e turbulenta. Às vezes, nossa fé pode ser esticada por circunstâncias adversas até o ponto de se romper. Mas Deus nunca desistirá de nós, mesmo que sintamos vontade de desistir dEle! Ele nos guiará com segurança através das tempestades da vida, usando o vento e as ondas para nos ensinar as lições de fé que são essenciais se quisermos ser verdadeiros discípulos de Jesus.

Capítulo 13: Todas as religiões levam a Deus?

Nos capítulos anteriores, Maddie e Issie, tentei explicar a vocês como encontrei Jesus e por que essa descoberta é tão importante para mim. Nada me agradaria mais do que saber que minha história ajudou vocês duas em suas próprias jornadas espirituais. Nesta última seção, quero falar sobre algumas das "grandes perguntas" que ainda me incomodam como um novo cristão e que sei que muitas vezes são um problema para aqueles que estão pensando seriamente sobre a fé.

A primeira delas é a questão das outras religiões. Os cristãos devem tratá-las como aliadas ou rivais, amigas ou inimigas? Hoje, algumas pessoas estão desligadas de todas as formas de religião porque veem a violência e a divisão nas sociedades humanas que isso às vezes causa. Assim, elas escolhem o ateísmo ou o agnosticismo, apesar de todas as "grandes perguntas" que esse ceticismo deixa sem resposta. Outras adotam a visão tolerante de que todas as religiões são iguais. Em Wilmette, perto de Chicago, há um impressionante templo Bahá'í com nove grandes entradas. Uma das razões para esse projeto arquitetônico é que eles consideram que existem nove grandes religiões mundiais hoje, todas elas levando à mesma experiência espiritual. Às vezes chamada de teoria da "roda" das religiões, essa ideia de que existem muitos caminhos que levam ao mesmo Deus é atraente e compartilhada por alguns cristãos. Os cultos ecumênicos são cada vez mais comuns em catedrais e igrejas em todo o mundo.

No entanto, correndo o risco de ser impopular e controverso, tenho que compartilhar com vocês, Maddie e Issie, que eu não acredito que a teoria da "roda" seja válida. Para começar, ela é logicamente cheia de furos! Depois que nos aprofundamos em suas crenças, rapidamente percebemos que as várias religiões do mundo ensinam coisas bem diferentes.

Nas religiões orientais, como o budismo e o hinduísmo, por exemplo, Deus é impessoal, um tipo de energia espiritual que flui através de tudo e de todos. Por outro lado, nas três grandes religiões que remontam a Abraão, ou seja, judaísmo, cristianismo e islamismo, Deus é um criador e juiz pessoal, que é bastante distinto e separado do mundo que governa. Não vejo como essas ideias sobre Deus podem estar ambas certas. E vocês?

Outra grande diferença entre essas duas famílias de religiões está na maneira como os seres humanos são ensinados a encontrar Deus. No Oriente, isso ocorre pela prática de algum tipo de disciplina mística, ou "ioga", que leva eventualmente à "iluminação" espiritual. Para as religiões abraâmicas, no entanto, nós, seres humanos, nunca podemos encontrar Deus por nossos próprios esforços. Nós O conhecemos apenas porque Ele escolheu se revelar por meio de importantes figuras proféticas ao longo da história. Para o judaísmo, o profeta mais importante foi Moisés; ele foi sucedido por muitos outros, e os escritos coletados desses indivíduos inspirados compreendem o que chamamos de Antigo Testamento. Para o Islã, é claro, o profeta mais importante de longe é Maomé (a palavra árabe de seu nome é escrita de várias maneiras quando transcrita para letras romanas). Eles acreditam que ele foi o veículo humano através do qual a revelação verbal final de Deus foi transmitida — o Alcorão.

Mas é nesse ponto que o cristianismo realmente diverge de todas as outras religiões do mundo. Embora muitos judeus reconheçam Jesus como um rabino e os muçulmanos o reconheçam como um profeta, os cristãos insistem que esse elogio fraco é completamente inadequado, pois Jesus é muito mais do que um rabino, ou mesmo um profeta. Os cristãos acreditam que, em Jesus, o próprio Deus entrou em forma humana no mundo que Ele havia criado. Vocês se lembram que falamos sobre isso no Capítulo 5? Para qualquer pessoa como eu, que acredita nisso, Jesus é totalmente único; nós O chamamos de "Senhor" e nenhum outro ser humano pode se classificar ao lado dEle. Esta é uma das principais razões pelas quais os cristãos enfrentaram perseguição ao longo dos séculos. As sociedades que não compartilham essa visão elevada de Jesus muitas vezes a consideram politicamente perigosa ou religiosamente blasfema.

Contudo, por mais sério que o desacordo sobre a pessoa de Jesus tenha se mostrado ao longo dos séculos, vocês podem se surpreender ao saber que não considero esta a característica distintiva mais importante da fé cristã. Para mim, a questão vital que separa o cristianismo de outras religiões não é quem Jesus era, mas o que Ele veio fazer. Vejam só, todos os outros grandes líderes religiosos e profetas vieram para ensinar. Mas, como expliquei no Capítulo 6, Jesus veio para morrer! Sua morte na cruz não foi uma tragédia, mas o cumprimento do plano de Deus para nos salvar do julgamento que nossos pecados merecem. Moisés não morreu por nós. Maomé também não. Esses grandes homens morreram pacificamente na velhice. Somente de Jesus pode-se dizer: "levando ele mesmo em seu corpo os nossos pecados sobre o madeiro" (*I Pedro 2:24a*). Não acredito que haverá alguém no céu atribuindo sua salvação a Buda, Moisés ou Maomé. Como o apóstolo Pedro disse aos líderes judeus: "em nome de Jesus Cristo, o Nazareno, aquele a quem vós crucificastes e a quem Deus ressuscitou dos mortos... E em nenhum outro há salvação, porque também debaixo do céu nenhum outro nome há, dado entre os homens, pelo qual devamos ser salvos.. (*Atos 4:10-12*)

Vocês se lembram que comecei o Capítulo 9 listando algumas das coisas que não faziam de uma pessoa um cristão? Coisas como ser criado em um lar cristão, ir à igreja ou até mesmo ser uma pessoa "boa". O fato é, claro, que são exatamente esses tipos de coisas que definem os membros de outras religiões. Muitas vezes, a religião que as pessoas professam é simplesmente uma marca de lealdade à sua família ou à comunidade mais ampla a que pertencem; então, suponho que era inevitável que o cristianismo também fosse tratado como um aspecto de nossa identidade cultural. Mas, como tentei explicar, isso não é assim. Nada do que nós fizemos (ou nossos pais, ou nossos antepassados) pode nos tornar cristãos. O verdadeiro cristão tem uma experiência pessoal da graça de Deus, que ele sabe que não herdou de seus pais ou ganhou por seu esforço. É essa experiência do amor e do perdão de Deus que a morte de Jesus na cruz torna possível de maneira única. Ninguém pode escapar do julgamento final de Deus, qualquer que seja o meio utilizado.

Tenho muito respeito por pessoas de outras religiões. Durante minha vida profissional, alguns de meus colegas eram muçulmanos e passei a admirar sua lealdade às suas crenças. Uma em particular, que eu admirava muito, era uma mulher na equipe de liderança da qual eu fazia parte. Apesar da quantidade de estresse durante um projeto desafiador, ela reservava tempo para orar a Alá, levando seu tapete especial para a sala de oração, todos os dias, no horário designado para a adoração. Ela também observava o Ramadã com muita assiduidade; enquanto o resto de nós desfrutava do café da manhã no escritório, ela jejuava o dia todo, comendo apenas depois de escurecer, com sua família.

Por mais que eu deseje que muçulmanos devotos como ela pudessem compartilhar minha fé em Jesus, tenho que reconhecer que os cristãos não têm o monopólio da espiritualidade ou da moralidade. Existem seres humanos maravilhosos que podem ser encontrados no Islã, Judaísmo, Budismo e Hinduísmo — na verdade, dentro do ateísmo e do agnosticismo também. E não cabe a mim dizer como Deus os avaliará no Dia do Juízo. Suspeito que Sua misericórdia será muito mais ampla e abrangerá uma gama muito maior de pessoas do que alguns cristãos muito conservadores pensam! Afinal, havia muitos como Abraão, Moisés e Davi no Antigo Testamento que a Bíblia conta entre os salvos; então a graça de Deus não se restringe àqueles que conhecem a Jesus. A Bíblia é muito enfática ao dizer que Deus deu Seu único Filho porque Ele ama o mundo inteiro — não apenas as partes dele onde a igreja cristã está bem estabelecida. Meu dever, como cristão, não é julgar aqueles que seguem outras religiões, mas compartilhar as boas novas de Jesus. É por isso que escrevi este livro.

Capítulo 14: Por que os cristãos às vezes divergem?

O fato de que essa pergunta precisa ser feita traz à luz a expectativa dos novos cristãos de que a igreja cristã deve ser caracterizada pela perfeita harmonia. Como se isso fosse verdade! Infelizmente, os cristãos estão longe de ser ideais. Eles precisam crescer espiritualmente e, durante esse processo de crescimento, muitas vezes diferem em suas opiniões. Não há nada de errado com isso, mas significa que às vezes o que a Bíblia chama de "comunhão do Espírito" é prejudicado por críticas mútuas e controvérsias.

Isso foi assim desde o início, quando a igreja ainda era liderada pelos apóstolos fundadores, que Jesus havia nomeado pessoalmente. Um estudo cuidadoso do Novo Testamento revela que essas primeiras disputas se enquadravam em duas categorias distintas, que podemos chamar de questões de verdade primária e secundária.

Em sua carta aos Gálatas, Paulo relata muito honestamente um incidente do primeiro tipo que, de forma bastante embaraçosa, envolvia ele e Pedro.

> *E, chegando Pedro à Antioquia, lhe resisti na cara, porque era repreensível. Porque, antes que alguns tivessem chegado da parte de Tiago, comia com os gentios; mas, depois que chegaram, se foi retirando e se apartou deles, temendo os que eram da circuncisão. (Gálatas 2:11-12).*

Esse incidente surgiu da luta que os judeus convertidos experimentaram quando tentaram abandonar os tabus culturais que os mantiveram distintos dos gentios por muitos séculos. Como vocês provavelmente sabem, todos os judeus do sexo masculino são circuncidados, e os judeus fiéis nos dias do Império Romano nunca comiam na companhia daqueles que não haviam recebido essa marca distintiva. No entanto, uma das descobertas mais notáveis e revolucionárias dos primeiros cristãos, que eram quase todos judeus, é claro, foi que essa prática discriminatória não se aplicava à igreja. Os gentios que se tornaram cristãos eram batizados e recebidos na mesa compartilhada da Santa Ceia sem qualquer exigência de circuncisão. Pedro aprendeu que isso deveria ser assim por revelação direta (vocês podem encontrar isso na história de Pedro e Cornélio, em Atos 10). Mas, quando ele visitou a nova igreja que Paulo havia fundado em Antioquia, sua velha maneira judaica de pensar e agir se reafirmou brevemente.

Havia muitos gentios na igreja de Antioquia e, sob a influência de alguns cristãos judeus muito conservadores, de Jerusalém, Pedro voltou ao seu hábito anterior de não comer na companhia deles. Quando Paulo observou esse comportamento, ele ficou indignado e confrontou Pedro publicamente sobre isso. "Você não percebe que quando vira as costas para os irmãos gentios simplesmente porque eles não seguem nossas tradições culturais judaicas, você está traindo algo fundamental para a mensagem do evangelho? Você está dizendo que Cristo morreu por nada!".

Paulo viu um imenso perigo no comportamento de Pedro, porque contradizia o que ele chamou de "a verdade do evangelho" (*Gálatas 2:5*). Como o apóstolo que fez mais do que qualquer um para evangelizar os gentios, era vital para ele que a mensagem cristã oferecesse a graça de

Deus livremente a judeus e gentios na mesma base da fé somente em Jesus. Os judeus conservadores que estavam influenciando Pedro queriam que os gentios convertidos fossem circuncidados antes que pudessem ser considerados "salvos" (veja *Atos 15:1*). Esse foi o primeiro sinal de um legalismo que ameaçaria repetidamente a igreja primitiva. Em questões de verdade primária como essa, Paulo adotou uma linha muito firme, e alguns podem até chamá-la de intolerante. Proteger a verdade central do Evangelho era muito mais importante do que o que hoje em dia costumamos chamar de "politicamente correto". As pessoas que ensinavam erros doutrinários fundamentais, que minavam a mensagem do evangelho, eram disciplinadas ou até mesmo expulsas da igreja.

Talvez a comunidade cristã hoje deva aprender com a posição intransigente de Paulo sobre esse assunto. Ele não tinha medo de identificar o desvio da doutrina central, mesmo quando amigos respeitados e influentes estavam envolvidos. A "verdade do evangelho" simplesmente não era negociável. Receio que, hoje em dia, muitos cristãos não tenham esse tipo de zelo franco. Estamos mais preocupados em ser politicamente corretos. Em nome da tolerância, vivemos com incoerência e hipocrisia, mesmo quando os ensinamentos centrais da fé cristã são contraditos. Acredito que há momentos em que, como cristão, devo defender a verdade, mesmo que isso me torne impopular com os outros na igreja.

Mas, e esse é um grande "mas", nem toda disputa entre cristãos pertence a essa categoria crítica de "verdade primária". Existem muitas questões de "verdade secundária", e elas também surgiram dentro da igreja primitiva. Paulo dá um bom exemplo em sua Carta aos Romanos:

Ora, quanto ao que está enfermo na fé, recebei-o, não em contendas sobre dúvidas. Porque um crê que de tudo se pode comer, e outro, que é fraco, come legumes. O que come não despreze o que não come; e o que não come não julgue o que come; porque Deus o recebeu por seu. Quem és tu que julgas o servo alheio? Para seu próprio senhor ele está em pé ou cai; mas estará firme, porque poderoso é Deus para o firmar. Um faz diferença entre dia e dia, mas outro julga iguais todos os dias. Cada um esteja inteiramente seguro em seu próprio ânimo. Aquele que faz caso do dia, para o Senhor o faz. O que come para o Senhor come, porque dá graças a Deus; e o que não come para o Senhor não come e dá graças a Deus. Porque nenhum de nós vive para si e nenhum morre para si. (Romanos 14: 1-7)

A divergência com a qual Paulo está lidando aqui mais uma vez tem suas raízes no choque cultural que o cristianismo causou no primeiro século. Alguns na igreja, a quem podemos chamar de "conservadores", estavam se recusando a comer carne porque ela poderia ter sido dedicada a um ídolo pelo açougueiro pagão que a vendia no mercado. Outros, no entanto, a quem podemos chamar de "liberais", raciocinavam que, uma vez que os ídolos representavam deuses inexistentes, dedicar carne a eles não fazia diferença. Havia uma divergência de opinião bastante semelhante sobre manter os dias santos no calendário. Ora, o próprio Paulo era um decidido "liberal" em tais questões; aqueles que tinham escrúpulos religiosos em comer comida sacrificada a ídolos ou observar um festival sagrado estavam mostrando sua "fé fraca". Suas velhas superstições ainda dominavam suas mentes e impunham uma limitação desnecessária à sua liberdade cristã.

Crucialmente, no entanto, ao contrário dos judeus que tanto influenciaram Pedro em Antioquia, esses conservadores em Roma não estavam dizendo que você tinha que imitar o comportamento deles para ser salvo. Eles só queriam ser vegetarianos por razões de consciência pessoal. O problema era que essa controvérsia estava causando divisão na igreja. As pessoas estavam criticando e desrespeitando umas às outras. Assim como as famílias hoje às vezes estão divididas por opiniões políticas, partidos conservadores e liberais estavam se desenvolvendo, e a "comunhão do Espírito" estava ameaçada.

É importante observar como a atitude de Paulo sobre esse assunto era diferente da indignação que ele mostrou em relação aos judeus conservadores em Antioquia. Não havia legalismo perigoso aqui que minasse a verdade do evangelho, apenas uma diferença de opinião sobre uma questão menor. No que dizia respeito a Paulo, tais diferenças de opinião não deveriam ser exageradas e transformadas em grandes discussões. Todos têm o direito de expressar sua devoção a Deus de acordo com sua consciência. Irmãos e irmãs cristãos, portanto, não devem condenar uns aos outros por causa de tais brigas mesquinhas. Paulo disse que eles deveriam manter suas opiniões pessoais privadas e "seguir as coisas que servem para a paz" (Romanos 14:19).

O que devemos fazer quando os cristãos divergem, então? É importante descobrir se o cerne da disputa é uma questão primária ou secundária.

Ambos os tipos de divergência ainda podem ser encontrados na igreja e devem ser cuidadosamente distinguidos. Se "a verdade do evangelho" está em jogo, então temos que ser duros. Não podemos permitir que as pessoas ergam regras legalistas que impeçam as pessoas de encontrar a graça perdoadora de Deus em Jesus, que descrevemos nos capítulos anteriores.

Mas os cristãos têm permissão para diferenças de opinião. Devemos batizar bebês ou apenas adultos? Devemos nos recusar a trabalhar no domingo? Podemos beber álcool ou fumar cigarros? Como devemos lidar com os divorciados? E com os homossexuais? E com aqueles que são sexualmente íntimos antes do casamento? E os cristãos que se recusam a se alistar nas forças armadas? Ou ouvir música popular composta por pessoas que usam drogas? Coloquei todas essas perguntas na categoria "secundária". Tenho minhas opiniões sobre elas, mas não julgo aqueles que diferem de mim.

Alguém colocou assim:

> *em coisas que são essenciais — unidade*
> *em coisas que não são essenciais — liberdade*
> *em todas as coisas — caridade*[19]

---

[19] Anônimo, mas atribuído a vários teólogos e pastores cristãos, incluindo Agostinho e Richard Baxter.

Capítulo 15: O diabo é real?

Acho que, para muitos na sociedade ocidental, o diabo se tornou a divertida figura com chifres, vestido com meia-calça vermelha e carregando um tridente, que costuma ser visto em festas à fantasia na época do Halloween. A crença em espíritos malignos é considerada uma superstição primitiva, que as pessoas modernas e sofisticadas não levam mais a sério. Bem, eu tenho que dizer a vocês, Maddie e Issie, que eu levo o diabo muito a sério. Acho que qualquer um que tente seguir a Jesus ou mesmo esteja apenas pensando em fazê-lo, experimentará a oposição do diabo. Então, antes de terminar este livro, quero adverti-las sobre ele.

A realidade do diabo era algo de que Jesus não duvidava, porque foi pessoalmente tentado por ele por várias semanas imediatamente após Seu batismo (*Marcos 1:12-13*). Mais tarde, Ele ensinou a seus discípulos que o diabo estava ativo sempre que a palavra de Deus era pregada, procurando roubá-la do coração daqueles que a ouvem "para que não se salvem, crendo" (*Lucas 8:12*). E, segundo o apóstolo Paulo, mesmo depois de terem chegado à fé, os cristãos devem lutar, não apenas contra as tendências pecaminosas de sua natureza humana, mas "contra as hostes espirituais da maldade, nos lugares celestiais" (*Efésios 6:12*). Então, sinto que estou em terreno seguro quando peço que vocês não subestimem o poder do diabo e certamente não o descartem como uma figura fictícia de diversão.

Deve-se dizer, no entanto, que há muita coisa que não sabemos com certeza sobre o diabo. Ele aparece logo no início da história da Bíblia, no Jardim do Éden, onde assume a forma de uma serpente astuta e falante que seduz Eva com sucesso e, por meio dela, Adão (*Gênesis 3:1-13*). Mais tarde, no livro de Jó, nós o encontramos entre os anjos como "Satanás", e mais uma vez ele está tentando prejudicar o relacionamento especial entre Deus e um ser humano (*Jó 1*). Mas é somente com a vinda de Jesus e o subsequente nascimento da igreja cristã que a hostilidade do diabo se torna um tema importante da Bíblia. No livro de Apocalipse, ele é retratado como um enorme dragão vermelho de sete cabeças, que faz guerra com os anjos do céu e é finalmente derrotado e destruído pelo retorno de Cristo para julgar o mundo (*Apocalipse 12:7-12 e 20:10*).

Juntamente com muitos outros cristãos, minha opinião é que a Bíblia nos oferece algumas pistas importantes, embora especulativas, sobre a origem e motivação do diabo em duas passagens do Antigo Testamento: *Ezequiel: 28:12-19* e *Isaías 14:12-17*. Embora essas passagens se refiram diretamente à queda do rei de Tiro e do rei da Babilônia, respectivamente, acho que a linguagem que os profetas usam é extraída da história de uma "queda" bem anterior, que ocorreu antes que o mundo fosse criado. Satanás era um anjo, Lúcifer, porque sua beleza se assemelhava à luz do sol nascente. Infelizmente, ele se levantou com orgulho, achando que poderia ser como Deus, e se rebelou contra Deus, cujo resultado foi sua expulsão do céu. Assim, quando a raça humana foi criada, ele já estava lá e tentou persuadi-los a se juntarem a ele na ideia rebelde de que poderiam ser como Deus. E, claro, ele foi inicialmente bem-sucedido; Adão e Eva sucumbiram à sua tentação. Eles também se encheram de orgulho e desobedeceram ao mandamento de Deus, e portanto também "caíram" da posição de honra e bênção que haviam desfrutado anteriormente dentro da criação de Deus.

É por isso que Jesus é tão importante. Ele entrou no mundo como um segundo Adão, mas resistiu à tentação do orgulho e, em vez disso, foi "obediente até a morte e morte de cruz" (*Filipenses 2:5-11*). Assim como o pecado de Adão colocou toda a raça humana sob condenação, o ato de justiça de Jesus torna possível que sejamos declarados "justos" (*Romanos 5:19*). Satanás não pode mais nos acusar, pois Jesus é nosso advogado de defesa e intercede por nosso perdão (*Romanos 8:33-34*). Em última análise, é a fidelidade dos cristãos, mesmo sob perseguição, que permite que o céu declare a derrota final de Satanás (*Apocalipse 12:10-12*).

Talvez vocês se perguntem por que o diabo, formidavelmente inteligente, caiu na armadilha de encorajar aqueles que crucificaram Jesus. Somos informados de que foi ele quem incitou Judas a trair Jesus nas mãos das autoridades que o queriam morto. A Bíblia não nos diz o que o diabo estava pensando, mas suspeito que ele simplesmente não podia antecipar a extraordinária humildade de Jesus ou a extensão do amor de Deus pela raça humana. Tais ideias estavam além de sua imaginação. Embora Deus o tivesse feito perfeito, faltava-lhe um atributo divino que só foi revelado como resultado da obra salvadora de Jesus — a graça perdoadora.

Estamos abordando aqui a maior "grande pergunta" que se pode fazer. Por que Deus criou os seres humanos e lhes deu livre arbítrio em primeiro lugar? Ele não previu que cederíamos às tentações de Satanás e nos rebelaríamos contra ele? Creio que o apóstolo Paulo se aproxima mais da resposta do que qualquer outra pessoa, quando fala sobre um plano secreto que Deus manteve escondido (um "mistério"), até mesmo dos anjos, por milhares de anos. Somente agora, quando eles veem os cristãos salvos do julgamento e reconciliados com Deus, esses poderes celestiais finalmente entendem a extraordinária sabedoria do propósito eterno que Deus realizou em Cristo Jesus (veja *Efésios 3: 9-12*).

Então, Maddie e Issie, o diabo é real? Sim, acredito que ele certamente o é. Mas devemos ter medo dele? Definitivamente, não!

Estas são as coisas que vocês devem se lembrar sempre que sentirem que o diabo tenta afastá-las do caminho que Deus quer que vocês sigam.

- O diabo é um ser criado. Ele só tem o poder que Deus permite que ele tenha. Ele teve que pedir permissão a Deus para trazer sofrimento a Jó (ver *Jó 1*). Portanto, nunca precisamos temer que Deus não esteja no controle de nossas circunstâncias; seu propósito em permitir a tentação e o sofrimento é sempre nos levar à maturidade espiritual e à bênção futura (*I Pedro 1:6-7*).

- Nunca devemos cair na armadilha de culpar o diabo por nossas falhas morais e espirituais. Essa, é claro, foi a desculpa de Eva: "A serpente me enganou" (*Gênesis 3:13*). Mas Deus nunca permitirá que sejamos tentados pelo diabo além de nossa capacidade de suportar (*Tiago 1:12-15*). Se cometemos erros, devemos aceitar a responsabilidade por eles. Lembre-se de como Jesus nos ensinou a orar: "Perdoa-nos as nossas dívidas. Não nos induzas à tentação, mas livra-nos do mal." (*Mateus 6: 12-13*).

- O diabo é um inimigo derrotado. A obra salvadora de Jesus na cruz tomou-lhe seu caso contra nós. Ele está condenado à destruição. No entanto, ele ainda mantém um poder considerável no momento. Pedro o chama de "o inimigo" e diz que ele anda em derredor como um leão, procurando a quem possa tragar (I Pedro 5:8). Então, como eu disse no início deste capítulo, um cristão sábio leva o diabo a sério e nunca subestima suas artimanhas astutas. Preste atenção ao conselho de Paulo:

  Revesti-vos de toda a armadura de Deus, para que possais estar firmes contra as astutas ciladas do diabo... tomando sobretudo o escudo da fé, com o qual podereis apagar todos os dardos inflamados do maligno. Tomai também o capacete da salvação e a espada do Espírito, que é a Palavra de Deus, orando em todo o tempo... (Efésios 6:11-18).

- A salvação que Jesus obteve para nós é certa, pois repousa no propósito eterno de um Deus onipotente. O diabo se esforçará ao máximo para nos fazer duvidar, mas ele não pode vencer. Estas palavras do apóstolo Paulo estão entre as mais famosas que ele já escreveu e têm sido um grande consolo para mim quando tive que passar por momentos difíceis como cristão:

  Quem nos separará do amor de Cristo? A tribulação, ou a angústia, ou a perseguição, ou a fome, ou a nudez, ou o perigo, ou a espada? ... Mas em todas estas coisas somos mais do que vencedores, por aquele que nos amou. Porque estou certo de que nem a morte, nem a vida, nem os anjos, nem os principados, nem as potestades, nem o presente, nem o porvir, nem a altura, nem a profundidade, nem alguma outra criatura nos poderá separar do amor de Deus, que está em Cristo Jesus, nosso Senhor! (Romanos 8:35-39)

Capítulo 16: Como o mundo vai acabar?

Quando seus avós eram jovens, Maddie e Issie, muitas pessoas eram muito positivas sobre o futuro. A ciência fez grandes avanços no século XX: foram descobertas curas para doenças fatais; aprendemos a voar; tínhamos televisores em cores em nossas salas de estar e telefones celulares em nossos bolsos; os computadores revolucionaram quase tudo; os homens até andaram na lua. Era difícil acompanhar todas as mudanças, e os sinais eram de que a ciência alcançaria coisas ainda maiores no século XXI.

Infelizmente, os jovens de hoje são muito menos otimistas. A ciência que pensávamos que construiria a utopia não parece mais uma bênção incondicional. Nossos resíduos descartados poluíram tanto nosso planeta que os animais estão morrendo. As emissões de nossas indústrias, carros e residências geraram um aquecimento global potencialmente desastroso. Novos vírus perigosos estão surgindo mais rápido do que podemos desenvolver tratamentos. Armas nucleares são armazenadas em todo o mundo, as quais podem destruir tudo o que é vivo na face da terra. Algumas pessoas até temem que nossos computadores se tornem mais inteligentes do que nós e decidam que somos uma obstrução ineficiente e desnecessária ao seu progresso evolutivo.

"O fim do mundo" costumava ser um tópico discutido apenas por fanáticos religiosos. Agora, essa parece ser uma possibilidade assustadoramente real. E essa é uma das razões pelas quais eu queria escrever este livro para vocês. Uma das melhores coisas sobre ser cristão, na minha opinião, é a confiança que isso lhe dá sobre o futuro — confiança construída não em planos humanos, que são tão propensos a decepções, mas em um plano divino que não pode falhar. Neste capítulo final, deixe-me falar sobre isso.

Será que vamos receber um aviso prévio do fim do mundo?

A primeira coisa que preciso fazer é alertá-las sobre as pessoas que falam muito sobre "sinais do fim" e ensinar que eles constituem uma espécie de contagem regressiva que permitirá àqueles que estão "por dentro" antecipar o fim do mundo antes que ele chegue. Algumas seitas, como as Testemunhas de Jeová, chegaram a afirmar que calcularam a data do fim — embora tenham sido forçadas a mudar sua previsão mais de uma vez quando a história provou que estavam erradas! Por favor, tomem cuidado com esse tipo de absurdo. Eu não acredito que ele seja apoiado pela Bíblia de forma alguma. Existem várias passagens nos Evangelhos em que Jesus adverte explicitamente seus discípulos sobre isso mesmo.

Em certa ocasião, por exemplo, quando Ele e seus discípulos estavam em Jerusalém, Jesus chamou a atenção deles para a magnífica arquitetura de pedra do templo. Então, de maneira quase improvisada, ele observou que aquele belo e importante edifício, que estava no centro da fé judaica naquela época, estava destinado a ser completamente destruído. Seus discípulos ficaram compreensivelmente chocados e presumiram que tal desastre nacional seria um sinal claro da iminência do fim do mundo. Isso os levou a perguntar a Jesus mais detalhes:

Dize-nos quando serão essas coisas e que sinal haverá da tua vinda e do fim do mundo? (Mateus 24:3).

Jesus finalmente responde ao pedido deles por mais informações sobre a iminente queda de Jerusalém. Ele esperava que isso ocorresse durante a vida de alguns que estavam lá com Ele e deu-lhes conselhos sábios sobre o que fazer quando isso acontecesse (ver *Mateus 24:15-25*). Mas sua resposta imediata foi alertá-los sobre os perigos de buscar "sinais do fim". "Cuidado para que ninguém vos engane", disse Ele. Falsos mestres plausíveis surgiriam e usariam eventos perturbadores, como a destruição do templo, para enganar muitos (*Mateus 24:4, 23-25*). O triste fato é que, disse Ele, devemos esperar muitos desses problemas, não apenas imediatamente antes do fim do mundo, mas durante o longo período que duraria de sua partida em diante.

E ouvireis de guerras e de rumores de guerras; olhai, não vos assusteis, porque é mister que isso tudo aconteça, mas ainda não é o fim... e haverá fomes, e pestes, e terremotos, em vários lugares. Mas todas essas coisas são o princípio das dores. (Mateus 24:6-8)

A previsão de Jesus sobre a destruição do templo de Jerusalém foi cumprida em 70 dC, mas como Ele antecipou, embora esse evento devastador tenha traumatizado o povo judeu, não foi o fim do mundo. Ele passou a alertar sobre a perseguição e o aumento da maldade em geral que, combinados com as austeridades devidas aos conflitos militares e desastres naturais que Ele já havia mencionado, fariam com que muitos cristãos perdessem seu zelo espiritual ou até mesmo desistissem de sua fé. Seria perseverando durante esse longo período de tribulação que aqueles que realmente pertenciam a Ele provariam sua fidelidade a Ele e seriam salvos (*Mateus 24:9-13*).

Havia apenas uma coisa que Jesus disse nessa conversa chave com seus discípulos que talvez possa fornecer alguma pista sobre o tempo do fim. Ele prometeu que a mensagem cristã seria pregada em todo o mundo para que todos tivessem a oportunidade de encontrar a salvação que ela continha (*Mateus 24:14*). Mais de vinte séculos se passaram desde que Jesus disse isso, e é certamente verdade que Sua igreja se espalhou. Será que ainda existem nações no mundo hoje onde não há testemunhas cristãs? Não tenho certeza, mas devem ser muito poucos. Isso significa que estamos perto do fim do mundo agora? Certamente há cristãos que pensam assim.

Mas acho que a coisa mais importante que Jesus disse foi que absolutamente ninguém sabia quando o fim chegaria, nem mesmo Ele (*Mateus 24:36*). Além disso, quando isso acontecesse, absolutamente ninguém estaria esperando (*Mateus 24:30*). Portanto, a única atitude segura para os crentes cristãos adotarem é a de *prontidão permanente*:

> *Vigiai, pois, porque não sabeis a que hora há de vir o vosso Senhor.... Por isso, estai vós apercebidos também, porque o Filho do Homem há de vir à hora em que não penseis. (Mateus 24:42,44)*

O que acontecerá no fim do mundo?

A Bíblia diz muito em resposta a essa pergunta, não para fornecer combustível para as tentativas fúteis dos fanáticos de tentar descobrir a data, mas para nos alertar contra negligenciar as coisas espirituais e nos encorajar em tempos de provação. Quero terminar este livro resumindo o que nos é dito usando as palavras da própria Bíblia:

- **Jesus retornará à terra em grande glória:**

  Então, aparecerá no céu o sinal do Filho do Homem; e todas as tribos da terra se lamentarão e verão o Filho do Homem vindo sobre as nuvens do céu, com poder e grande glória. E ele enviará os seus anjos com rijo clamor de trombeta, os quais ajuntarão os seus escolhidos desde os quatro ventos, de uma à outra extremidade dos céus. (Mateus 24: 30-31)

  Portanto, esse será um evento público e global. Não haverá dúvidas sobre o que está acontecendo.

- **A raça humana será dividida:**

  E, quando o Filho do Homem vier em sua glória, e todos os santos anjos, com ele, então, se assentará no trono da sua glória; e todas as nações serão reunidas diante dele, e apartará uns dos outros, como o pastor aparta dos bodes as ovelhas. E porá as ovelhas à sua direita, mas os bodes à esquerda.

  Então, dirá o Rei aos que estiverem à sua direita: Vinde, benditos de meu Pai, possuí por herança o Reino que vos está preparado desde a fundação do mundo. Então, dirá também aos que estiverem à sua esquerda: Apartai-vos de mim, malditos, para o fogo eterno, preparado para o diabo e seus anjos. E irão estes para o tormento eterno, mas os justos, para a vida eterna. (Mateus 25:31-34, 41, 46)

Portanto, existem apenas dois lados aos quais podemos pertencer: os salvos e os perdidos.

- **Os cristãos que já morreram serão ressuscitados**

Dizemo-vos, pois, isto pela palavra do Senhor: que nós, os que ficarmos vivos para a vinda do Senhor, não precederemos os que dormem. Porque o mesmo Senhor descerá do céu com alarido, e com voz de arcanjo, e com a trombeta de Deus; e os que morreram em Cristo ressuscitarão primeiro; depois, nós, os que ficarmos vivos, seremos arrebatados juntamente com eles nas nuvens, a encontrar o Senhor nos ares, e assim estaremos sempre com o Senhor. (1 Tessalonicenses 4:15-18)

Portanto, a morte para um cristão é como adormecer. Acordaremos no último dia e nunca mais morreremos.

- **Mortos ou vivos, todos os cristãos receberão um novo corpo espiritual**

E, agora, digo isto, irmãos: que carne e sangue não podem herdar o Reino de Deus... Eis aqui vos digo um mistério: Na verdade, nem todos dormiremos, mas todos seremos transformados, num momento, num abrir e fechar de olhos, ante a última trombeta; porque a trombeta soará, e os mortos ressuscitarão incorruptíveis, e nós seremos transformados. Porque convém que isto que é corruptível se revista da incorruptibilidade e que isto que é mortal se revista da imortalidade. (1 Coríntios 15:50-53)

Assim, nossa identidade será preservada, mas nossa natureza física será transformada.

- **Este mundo e todo o mal nele serão destruídos, e um novo mundo começará**

  Mas o Dia do Senhor virá como o ladrão de noite, no qual os céus passarão com grande estrondo, e os elementos, ardendo, se desfarão, e a terra e as obras que nela há se queimarão... Mas nós, segundo a sua promessa, aguardamos novos céus e nova terra, em que habita a justiça. (2 Pedro 3:10, 13)

  Portanto, o fim do mundo não será o fim, mas um novo começo!

Nos capítulos finais da Bíblia, o idoso apóstolo João descreve sua visão de como será esse novo começo. Ele usa linguagem simbólica para descrever algo inimaginavelmente belo, algo sobre o qual Paulo diz: "As coisas que o olho não viu, e o ouvido não ouviu, e não subiram ao coração do homem são as que Deus preparou para os que o amam." (*1 Coríntios 2:9*)

E vi um novo céu e uma nova terra ... Eu, João, vi a Cidade Santa, a nova Jerusalém, que de Deus descia do céu... E ouvi uma grande voz do céu, que dizia: Eis aqui o tabernáculo de Deus com os homens, pois com eles habitará, e eles serão o seu povo, e o mesmo Deus estará com eles e será o seu Deus. E Deus limpará de seus olhos toda lágrima, e não haverá mais morte, nem pranto, nem clamor, nem dor, porque já as primeiras coisas são passadas. (Apocalipse 21:1-4)

Conclusão: Importa o que vocês acreditam?

Como pai de duas filhas muito amadas e lindas, tentei responder às "grandes perguntas" sobre o propósito e o destino humano que ocuparam minha mente ao longo da minha vida. Eu fiz isso, Maddie e Issie, na esperança de que vocês também estejam curiosas sobre essas questões. No fundo, acho que todos nós precisamos de respostas para elas simplesmente para viver uma vida significativa. E por essa razão, todos nós acreditamos em algo.

Realmente importa o que vocês acreditam?

Estou convencido de que sim. O que vocês acreditam faz diferença em suas prioridades na vida. Isso controla suas decisões morais. Afeta como vocês lidam com a adversidade ou o sofrimento. Porém, creio que o mais fundamental de tudo é que a ausência de fé pessoal deixa uma espécie de vazio permanente e persistente em nossas almas. Sentimos que algo está faltando. Isso nos deixa tão desconfortáveis que muitas pessoas fingem que o vazio interior não existe. Mas então, de vez em quando, a fome de significado, que nada no mundo inteiro pode satisfazer, se faz sentir novamente. Essas grandes questões inevitavelmente voltam a assombrar nossas mentes. Se não for em outro lugar, acho que isso sempre acontece ao lado do túmulo de um ente querido.

Então, Maddie e Issie, quero que vocês enfrentem essas grandes perguntas e busquem respostas verdadeiras para elas. Como expliquei nesses dezesseis capítulos, minha própria crença é que somos criados por um Deus amoroso. Ele tem um vasto plano cósmico e deseja que façamos parte dele. Em Jesus, Ele entrou em nosso mundo para se revelar e realizar o elemento-chave de seu plano. Ele nos deu a Bíblia para que possamos entender quem é Jesus e por que Ele veio. As respostas que buscamos para todas essas grandes perguntas devem ser encontradas por meio da fé nEle.

Se Ele fosse um tirano, Deus não nos daria escolha. Ele nos forçaria a nos encaixar em Seu plano como escravos, quer quiséssemos ou não. Mas a verdade emocionante é que o Deus que nos criou nos deu não apenas a vida, mas o precioso dom da liberdade. Ele quer que descubramos que nossa maior alegria e realização são encontradas na entrega voluntária ao Seu serviço, por amor. Para esse fim, Ele nos resgatou quando, pelo exercício tolo de nossa liberdade, tentamos viver em rebelde desafio a Ele. É por isso que Jesus teve que sofrer e morrer. O próprio Deus estava em Cristo naquela cruz, absorvendo o castigo por nossos pecados dentro de Si mesmo e abrindo para nós um caminho para o perdão e a reconciliação.

É nisso que eu acredito. Essa é uma fé que transformou minha vida. É uma fé que me dá confiança para encarar o futuro, seja lá o que ele possa trazer. É uma fé que quero recomendar com muito amor a vocês, minhas queridas filhas. Escolher abraçá-la ou recusá-la é, sem dúvida, a decisão mais importante que vocês tomarão. Eu gostaria de poder fazer essa escolha por vocês — mas não posso. Mas também não há como evitar a escolha. Um dia, talvez mais cedo do que pensamos, cada um de nós deve se curvar diante do trono de Deus e receber Seu julgamento. Ao antecipar esse dia, as palavras do apóstolo Paulo a seus amados amigos em Corinto ecoam meus sentimentos em relação a vocês, minhas queridas Maddie e Issie:

> De sorte que somos embaixadores da parte de Cristo, como se Deus por nós rogasse. Rogamos-vos, pois, da parte de Cristo que vos reconcilieis com Deus. (2 Coríntios 5:20)

****

Uma oração — para alguém orar quando decidir que quer encontrar as respostas para as grandes questões que perturbam seus corações, colocando sua confiança em Jesus:

Querido Deus,

Venho a Ti em arrependimento pelos meus pecados. Desejo buscar a graça e a misericórdia que Tu providenciaste por meio de seu Filho, Jesus Cristo. Sei que não mereço o Teu amor, mas venho a Ti agora, confessando humildemente que preciso de Ti em minha vida. Creio que Jesus morreu e ressuscitou para que eu pudesse me reconciliar e começar uma nova vida contigo. Por favor, dê-me aquele novo começo que Tu prometeste em Tua Palavra e me ajude a encontrar o propósito que tens para mim.

Amém

Bibliografia:

Nova Tradução Viva. *Holy Bible*. Carol Stream, Illinois, EUA, Tyndale House Publishing, 2004.

Almeida Revista e Corrigida© Copyright ©2009 Sociedade Bíblica do Brasil. Todos os direitos reservados.

Traduite par Louis Segond. *La Bíblia Sainte*. Miami, Flórida, EUA, Editions International Vie, 1980.

Dr. Clements, Roy. *Sting in the tale*. Cambridge, Reino Unido, Inter-Varsity Press, 1º de janeiro de 1995.

Dr. Clements, Roy. *The Strength of Weekness*. Cambridge, Reino Unido, Baker Pub Group, 1º de janeiro de 1995.

Dr. Clements, Roy. *Practicing Faith in a Pagan World*. Cambridge, Reino Unido, Inter-Varsity Press, 1º de janeiro de 1997.

Dr. Clements, Roy. *Sermon Archives*. Cambridge, Reino Unido, *https://royclements.net/sermon.*

RC Sproul *The Holiness of God.* Tyndale Momentum, 1º de julho de 2000.

Alcorn, Randy. *Haven*. Carol Stream, Illinois, EUA, Tyndale House Publishers, 3 de março de 2007.

Budgen, Aaron. *Arquivos de podcast de rádio,* Colorado Springs, Colorado, EUA, Living God Ministries.

https://www.livinggodministries.net/living_god_ministries/radio_archive/ index.htm.

Wilkinson, David. *The vision*. Austin, Texas, EUA, Pyramid Publications, 1º de janeiro de 1975.

Biografia do autor

Jean-Pierre Aucoin nasceu em Montreal, Canadá, em 22 de agosto de 1962. Ele foi casado com Ingrid Bianchi, e agora é divorciado e tem duas filhas que moram em Sydney, Austrália.

Formado na área de Ciência da Computação e Robótica, ele possui pós-graduação em Gestão Empresarial e Financeira. Viajou bastante durante sua longa e bem-sucedida carreira em arquitetura de software e transformação de negócios. Atualmente, ele mora na Nova Zelândia com sua esposa Carolina.

Como foi explicado neste livro, ele se tornou cristão em 1987, na véspera de Ano Novo, e é apaixonado por compartilhar sua fé, que tem sido uma grande influência em sua vida desde então.

2127ca4d-c4ce-4670-a1ad-5a03e45efcadR01